AF314162

RECUEIL

DES

LOIS ET RÈGLEMENTS

CONCERNANT

LE CONSEIL D'ÉTAT

PARIS

IMPRIMERIE NATIONALE

—

MDCCCC

RECUEIL

1436

DES

LOIS ET RÈGLEMENTS

CONCERNANT

LE CONSEIL D'ÉTAT

RECUEIL

DES

LOIS ET RÈGLEMENTS

CONCERNANT

LE CONSEIL D'ÉTAT

PARIS

IMPRIMERIE NATIONALE

MDCCCC

CONSEIL D'ÉTAT.

LOIS ET RÈGLEMENTS.

DÉCRET

CONTENANT REGLEMENT SUR LES AFFAIRES CONTENTIEUSES PORTÉES AU CONSEIL D'ÉTAT.

(Du 22 juillet 1806.)

TITRE PREMIER.

DE L'INTRODUCTION ET DE L'INSTRUCTION DES INSTANCES.

SECTION I.

DES INSTANCES INTRODUITES AU CONSEIL D'ÉTAT À LA REQUÊTE DES PARTIES.

ARTICLE PREMIER.

Le recours des parties au Conseil d'État en matière contentieuse sera formé par requête signée d'un avocat au Conseil[1]; elle contiendra l'exposé sommaire des faits et des

---

[1] Par application de l'article 1er du décret du 2 novembre 1864 (p. 17), les recours formés en vertu de la loi du 7-14 octobre 1790 contre les actes des autorités administratives pour incompétence ou excès de pouvoirs et les recours contre les décisions portant refus de liquidation ou contre les liquidations de pensions, peuvent être formés sans l'intervention d'un avocat au Conseil d'État. En dehors de cette dispense, les parties ont été affranchies par d'assez nombreuses dispositions législatives du ministère des avocats, notamment en matière de contraventions de grande voirie, de contributions

moyens, les conclusions, les noms et demeures des parties, l'énonciation des pièces dont on entend se servir et qui y seront jointes [1].

ART. 2.

Les requêtes, et en général toutes les productions des parties, seront déposées au Secrétariat du Conseil d'État; elles y seront inscrites sur un registre suivant leur ordre de dates, ainsi que la remise qui en sera faite à l'auditeur nommé par le grand juge [2] pour préparer l'instruction.

ART. 3.

Le recours au Conseil d'État n'aura point d'effet sus-

directes et taxes assimilées, de prestations en nature pour l'entretien des chemins vicinaux, d'élections départementales, municipales, de délégués sénatoriaux, de membres des Conseils de prud'hommes et de délégués mineurs, en matière de recours dirigés contre les décisions prises par les Commissions départementales dans les cas prévus par les articles 86 et 87 de la loi du 10 août 1871. Enfin la même dispense a été étendue à diverses autres matières par des textes plus récents. On peut citer, à titre d'exemples, le décret du 12 avril 1880 sur les inscriptions et opérations électorales dans les Églises réformées (art. 16); la loi du 4 avril 1882 relative à la restauration et à la conservation des terrains en montagne (art. 8); la loi du 18 mars 1889 relative au rengagement des sous-officiers (art. 24); la loi du 15 juillet 1893 sur l'assistance médicale gratuite (art. 33); la loi du 29 juin 1894 sur les caisses de secours et de retraites des ouvriers mineurs (art. 14); la loi du 1er avril 1898 sur les Sociétés de secours mutuels (art. 30). — Voir, en outre, la note placée au bas de la page 13.

[1] En principe, la décision attaquée doit toujours être jointe à la requête. Voir, toutefois, l'exception introduite par l'article 3 de la loi du 17 juillet 1900 (p. 83).

[2] Le grand juge est remplacé par le Président de la Section du Contentieux ou, suivant les cas, par la Section du Contentieux (art. 8 et 19 du décret du 2 août 1879 (p. 46 et 49); article 15 de la loi du 24 mai 1872 (p. 29).

pensif, s'il n'en est autrement ordonné [1]. — Lorsque l'avis de la Commission établie par notre décret du 11 juin dernier sera d'accorder le sursis, il en sera fait rapport au Conseil d'État, qui prononcera [2].

ART. 4.

Lorsque la communication aux parties intéressées aura été ordonnée par le grand juge, elles seront tenues de répondre et de fournir leurs défenses dans les délais suivants : dans quinze jours, si leur demeure est à Paris, ou n'en est pas éloignée de plus de 5 myriamètres; dans le mois, si elles demeurent à une distance plus éloignée dans le ressort de la Cour d'appel de Paris, ou dans l'un des ressorts des Cours d'appel d'Orléans, Rouen, Amiens, Douai, Nancy, *Metz*, Dijon et Bourges; dans deux mois, pour les ressorts des autres Cours d'appel en France; et à l'égard des colonies et des pays étrangers, les délais seront réglés ainsi qu'il appartiendra par l'ordonnance de *soit communiqué*. Ces délais commenceront à courir du jour de la signification de la requête à personne ou domicile par le ministère d'un huissier. Dans les matières provisoires ou urgentes, les délais pourront être abrégés par le grand juge.

[1] Le recours contre les décisions prises par les Commissions départementales, par application des articles 86 et 87 de la loi du 10 août 1871, est suspensif dans tous les cas (art. 88, même loi). Le pourvoi est également suspensif en matière d'élections au Conseil d'arrondissement et d'élections municipales, mais seulement dans le cas où l'élection a été annulée par le Conseil de préfecture (Loi du 22 juin 1833, art. 54, et loi du 5 avril 1884, art. 40).

[2] Il ne peut être ordonné de sursis en matière de pourvois contre les décisions des Conseils de revision (Loi du 15 juillet 1889, art. 32).

ART. 5.

La signature de l'avocat au pied de la requête, soit en demande, soit en défense, vaudra constitution et élection de domicile chez lui.

ART. 6.

Le demandeur pourra, dans la quinzaine après les défenses fournies, donner une seconde requête, et le défendeur répondre dans la quinzaine suivante. — Il ne pourra y avoir plus de deux requêtes de la part de chaque partie, y compris la requête introductive.

ART. 7.

Lorsque le jugement sera poursuivi contre plusieurs parties, dont les unes auraient fourni leurs défenses et les autres seraient en défaut de les fournir, il sera statué à l'égard de toutes par la même décision.

ART. 8.

Les avocats des parties pourront prendre communication des productions de l'instance au Secrétariat, sans frais. — Les pièces ne pourront en être déplacées, si ce n'est qu'il y en ait minute, ou que la partie y consente.

ART. 9.

Lorsqu'il y aura déplacement de pièces, le récépissé, signé de l'avocat, portera son obligation de les rendre dans un délai qui ne pourra excéder huit jours; et, après ce délai expiré, le grand juge pourra condamner personnellement l'avocat en 10 francs au moins de dommages et in-

térêts par chaque jour de retard, et même ordonner qu'il
sera contraint par corps.

ART. 10.

Dans aucun cas, les délais pour fournir ou signifier requêtes ne seront prolongés par l'effet des communications.

ART. 11.

Le recours au Conseil contre la décision d'une autorité
qui y ressortit ne sera pas recevable après trois mois du
jour où cette décision aura été notifiée [1].

ART. 12.

Lorsque, sur un semblable pourvoi fait dans le délai ci-
dessus prescrit, il aura été rendu une ordonnance de *soit
communiqué*, cette ordonnance devra être signifiée dans le
délai de trois mois, sous peine de déchéance [2].

ART. 13.

Ceux qui demeureront hors de la France continentale

[1] Par application du paragraphe 5 de l'article 24 de la loi de finances
du 13 avril 1900 (p. 77), le délai fixé à trois mois par l'article 11 est réduit
à deux mois sans qu'il soit dérogé aux dispositions de lois ou règlements qui
ont fixé des délais spéciaux pour les pourvois au Conseil d'État.

Par exception, le délai est d'un an pour les recours contre les décrets
autorisant des changements de nom (Loi du 11 germinal an XI, art. 6 et 7);
d'un mois, pour les pourvois contre les arrêtés des Conseils municipaux en
matière d'élections municipales (Loi du 5 avril 1884, art. 40 et 79); de
quinze jours, pour les pourvois contre les décisions du Ministre de l'Instruction publique en matière d'élections au Conseil supérieur de l'Instruction
publique et aux Conseils académiques (Décret du 16 mars 1880, art. 12 et 13).

[2] Ce délai a été réduit à deux mois par l'article 3 du décret du 2 novembre 1864 (p. 18).

auront, outre le délai de trois mois[1] énoncé dans les deux articles ci-dessus, celui qui est réglé par l'article 73 du Code de procédure civile[2].

ART. 14.

Si, d'après l'examen d'une affaire, il y a lieu d'ordonner que des faits ou des écritures soient vérifiés, ou qu'une partie soit interrogée, le grand juge désignera un maître des requêtes ou commettra sur les lieux; il réglera la forme dans laquelle il sera procédé à ces actes d'instruction.

ART. 15.

Dans tous les cas où les délais ne sont pas fixés par le présent décret, ils seront déterminés par ordonnance du grand juge.

SECTION II.

DISPOSITIONS PARTICULIÈRES AUX AFFAIRES CONTENTIEUSES INTRODUITES SUR LE RAPPORT D'UN MINISTRE.

ART. 16.

Dans les affaires contentieuses introduites au Conseil sur le rapport d'un ministre, il sera donné, dans la forme administrative ordinaire, avis à la partie intéressée de la remise

---

[1] Par application de la loi de finances du 13 avril 1900, article 24, § 5 (p. 77), et du décret du 2 novembre 1864, article 3 (p. 18), ce délai est réduit à deux mois.

[2] Cet article qui, aux termes de l'article 1er de la loi du 11 juin 1859, avait cessé d'être applicable aux habitants de la Corse et de l'Algérie, a été remis en vigueur en ce qui les concerne, mais seulement pour les pourvois contre les arrêtés des Conseils de préfecture, par l'article 58 de la loi du 22 juillet 1889.

faite au grand juge des mémoires et pièces fournis par les
agents du Gouvernement, afin qu'elle puisse prendre communication, dans la forme prescrite aux articles 8 et 9, et
fournir ses réponses dans le délai du règlement. Le rapport
du ministre ne sera pas communiqué [1].

ART. 17.

Lorsque, dans les affaires où le Gouvernement a des
intérêts opposés à ceux d'une partie, l'instance est introduite à la requête de cette partie, le dépôt qui sera fait au
Secrétariat du Conseil de la requête et des pièces vaudra
notification aux agents du Gouvernement; il en sera de
même pour la suite de l'instruction.

TITRE II.

DES INCIDENTS QUI PEUVENT SURVENIR PENDANT L'INSTRUCTION D'UNE AFFAIRE.

§ 1. DES DEMANDES INCIDENTES.

ART. 18.

Les demandes incidentes seront formées par une requête
sommaire déposée au Secrétariat du Conseil; le grand juge
en ordonnera, s'il y a lieu, la communication à la partie
intéressée, pour y répondre dans les trois jours de la signification, ou autre bref délai qui sera déterminé.

ART. 19.

Les demandes incidentes seront jointes au principal, pour

---

[1] L'abrogation virtuelle de cette disposition résulte de l'ensemble des lois
qui ont organisé la procédure des affaires contentieuses.

y être statué par la même décision. — S'il y avait lieu néanmoins à quelque disposition provisoire et urgente, le rapport en sera fait par l'auditeur à la prochaine séance de la Commission, pour y être pourvu par le Conseil, ainsi qu'il appartiendra.

§ 2. DE L'INSCRIPTION DE FAUX.

ART. 20.

Dans le cas de demande en inscription de faux contre une pièce produite, le grand juge fixera le délai dans lequel la partie qui l'a produite sera tenue de déclarer si elle entend s'en servir. Si la partie ne satisfait pas à cette ordonnance, ou si elle déclare qu'elle n'entend pas se servir de la pièce, cette pièce sera réjetée. Si la partie fait la déclaration qu'elle entend se servir de la pièce, le Conseil d'État statuera sur l'avis de la Commission, soit en ordonnant qu'il sera sursis à la décision de l'instance principale jusqu'après le jugement du faux par le tribunal compétent, soit en prononçant la décision définitive, si elle ne dépend pas de la pièce arguée de faux.

§ 3. DE L'INTERVENTION.

ART. 21.

L'intervention sera formée par requête; le grand juge ordonnera, s'il y a lieu, que cette requête soit communiquée aux parties, pour y répondre dans le délai qui sera fixé par l'ordonnance; néanmoins la décision de l'affaire principale qui serait instruite ne pourra être retardée par une intervention.

§ 4. Des reprises d'instance et constitution de nouvel avocat.

ART. 22.

Dans les affaires qui ne seront point en état d'être jugées, la procédure sera suspendue par la notification du décès de l'une des parties, ou par le seul fait du décès, de la démission, de l'interdiction ou de la destitution de son avocat. Cette suspension durera jusqu'à la mise en demeure pour reprendre l'instance ou constituer avocat.

ART. 23.

Dans aucun des cas énoncés en l'article précédent, la décision d'une affaire en état ne sera différée.

ART. 24.

L'acte de révocation d'un avocat par sa partie est sans effet pour la partie adverse, s'il ne contient pas la constitution d'un autre avocat.

§ 5. Du désaveu.

ART. 25.

Si une partie veut former un désaveu relativement à des actes ou procédures faits en son nom ailleurs qu'au Conseil d'État, et qui peuvent influer sur la décision de la cause qui y est portée, sa demande devra être communiquée aux autres parties. Si le grand juge estime que le désaveu mérite d'être instruit, il renverra l'instruction et le jugement devant les juges compétents, pour y être statué dans le délai qui sera réglé. — A l'expiration de ce délai, il sera passé outre au rapport de l'affaire principale, sur le vu du jugement du désaveu, ou faute de le rapporter.

ART. 26.

Si le désaveu est relatif à des actes ou procédures faits au Conseil d'État, il sera procédé contre l'avocat sommairement et dans les délais fixés par le grand juge.

TITRE III.

§ 1. Des décisions du Conseil d'État.

ART. 27.

Les décisions du Conseil contiendront les noms et qualités des parties, leurs conclusions et le vu des pièces principales.

ART. 28.

Elles ne seront mises à exécution contre une partie qu'après avoir été préalablement signifiées à l'avocat au Conseil qui aura occupé pour elle.

§ 2. De l'opposition aux décisions rendues par défaut.

ART. 29.

Les décisions du Conseil d'État rendues par défaut sont susceptibles d'opposition. Cette opposition ne sera point suspensive, à moins qu'il n'en soit autrement ordonné. — Elle devra être formée dans le délai de trois mois, à compter du jour où la décision par défaut aura été notifiée; après ce délai, l'opposition ne sera plus recevable [1].

ART. 30.

Si la Commission est d'avis que l'opposition doive être

[1] Ce délai a été réduit à deux mois par l'article 4 du décret du 2 novembre 1864 (p. 18).

reçue, elle fera son rapport au Conseil, qui remettra, s'il y a lieu, les parties dans le même état où elles étaient auparavant. — La décision qui aura admis l'opposition sera signifiée dans la huitaine, à compter du jour de cette décision, à l'avocat de l'autre partie.

ART. 31.

L'opposition d'une partie défaillante à une décision rendue contradictoirement avec une autre partie ayant le même intérêt ne sera pas recevable.

§ 3. DU RECOURS CONTRE LES DÉCISIONS CONTRADICTOIRES.

ART. 32.

Défenses sont faites, sous peine d'amende, et même, en cas de récidive, sous peine de suspension ou de destitution, aux avocats en notre Conseil d'État de présenter requête en recours contre une décision contradictoire, si ce n'est en deux cas : si elle a été rendue sur pièces fausses ; si la partie a été condamnée faute de représenter une pièce décisive qui était retenue par son adversaire [1].

ART. 33.

Ce recours devra être formé dans le même délai et admis de la même manière que l'opposition à une décision par défaut.

ART. 34.

Lorsque le recours contre une décision contradictoire

---

[1] Les recours en revision prévus par cet article et les recours prévus par l'article 23 de la loi du 24 mai 1872 (p. 32) ne sont jamais dispensés du ministère d'avocat, quelle que soit la décision contre laquelle ces recours sont dirigés.

aura été admis dans le cours de l'année où elle avait été rendue, la communication sera faite soit au défendeur, soit au domicile de l'avocat qui a occupé pour lui, et qui sera tenu d'occuper sur ce recours, sans qu'il soit besoin d'un nouveau pouvoir.

ART. 35.

Si le recours n'a été admis qu'après l'année depuis la décision, la communication sera faite aux parties à personne ou domicile, pour y fournir réponse dans le délai du règlement.

ART. 36.

Lorsqu'il aura été statué sur un premier recours contre une décision contradictoire, un second recours contre la même décision ne sera pas recevable. — L'avocat qui aurait présenté la requête sera puni de l'une des peines énoncées en l'article 32.

§ 4. DE LA TIERCE-OPPOSITION.

ART. 37.

Ceux qui voudront s'opposer à des décisions du Conseil d'État rendues en matière contentieuse, et lors desquelles ni eux ni ceux qu'ils représentent n'ont été appelés, ne pourront former leur opposition que par requête en la forme ordinaire ; et, sur le dépôt qui en sera fait au Secrétariat du Conseil, il sera procédé conformément aux dispositions du titre Ier.

ART. 38.

La partie qui succombera dans sa tierce-opposition sera condamnée en 150 francs d'amende, sans préjudice des dommages et intérêts de la partie, s'il y a lieu.

ART. 39.

Les articles 34 et 35 ci-dessus, concernant les recours contre les décisions contradictoires, sont communs à la tierce-opposition.

ART. 40.

Lorsqu'une partie se croira lésée dans ses droits ou sa propriété par l'effet d'une décision de notre Conseil d'État rendue en matière non contentieuse, elle pourra nous présenter une requête, pour, sur le rapport qui nous en sera fait, être l'affaire renvoyée, s'il y a lieu, soit à une Section du Conseil d'État, soit à une Commission.

§ 5. DES DÉPENS [1].

ART. 41.

En attendant qu'il soit fait un nouveau tarif des dépens et statué sur la manière dont il sera procédé à leur liquidation, on suivra provisoirement les règlements antérieurs

---

[1] En dehors de la dispense prononcée par l'article 1er du décret du 2 novembre 1864 (voir ce décret p. 17), les parties ont été affranchies par diverses dispositions législatives de tous frais autres que ceux du timbre, en matière de contraventions de grande voirie, de contributions directes et de taxes assimilées.

La dispense s'étend même aux droits de timbre en matière de contributions lorsque la cote est inférieure à 30 francs, de prestations en nature pour l'entretien des chemins vicinaux, d'élections départementales, municipales, de délégués sénatoriaux, de membres des Conseils de prud'hommes et de délégués mineurs, et en matière de recours dirigés contre les décisions prises par les Commissions départementales dans les cas prévus par les articles 86 et 87 de la loi du 10 août 1871.

Enfin des dispenses plus ou moins étendues ont été édictées par des lois et décrets de dates plus récentes. On peut indiquer, à titre d'exemples, le

relatifs aux avocats au Conseil et qui sont applicables aux procédures ci-dessus [1].

ART. 42.

Il ne sera employé, dans la liquidation des dépens, aucuns frais de voyage, séjour ou retour des parties, ni aucuns frais de voyage d'huissier au delà d'une journée.

ART. 43.

La liquidation et la taxe des dépens seront faites à la Commission du contentieux par un maître des requêtes, et sauf revision par le grand juge.

TITRE IV.

§ 1. DES AVOCATS AU CONSEIL.

ART. 44.

Les avocats en notre Conseil d'État auront, conformément à notre décret du 11 juin dernier, le droit exclusif de faire tous actes d'instruction et de procédure devant la Commission du Contentieux [2].

décret du 12 avril 1880 sur les inscriptions et opérations électorales dans les Églises réformées (art. 16); la loi du 4 avril 1882, relative à la restauration et à la conservation des terrains en montagne (art. 8); la loi du 18 mars 1889, relative au rengagement des sous-officiers (art. 24); la loi du 29 décembre 1892 sur les dommages causés à la propriété par les travaux publics (art. 19); la loi du 15 juillet 1893 sur l'assistance médicale gratuite (art. 32 et 33); la loi du 29 juin 1894 sur les caisses de secours et de retraites des ouvriers mineurs (art. 14); la loi du 1er avril 1898 sur les Sociétés de secours mutuels (art. 30). — Voir, en outre, la note, page 1.

[1] Le tarif a été fixé par l'ordonnance du 18 janvier 1826.

[2] Rapprocher de ce texte l'article 1er du décret du 2 novembre 1864 (p. 17).

ART. 45.

L'impression d'aucun mémoire ne passera en taxe. — Les écritures seront réduites au nombre de rôles qui sera réputé suffisant pour l'instruction de l'instance.

ART. 46.

Les requêtes et mémoires seront écrits correctement et lisiblement en demi-grosse seulement; chaque rôle contiendra au moins cinquante lignes, et chaque ligne douze syllabes au moins; sinon, chaque rôle où il se trouvera moins de lignes et de syllabes sera rayé en entier, et l'avocat sera tenu de restituer ce qui lui aurait été payé à raison de ces rôles.

ART. 47.

Les copies signifiées des requêtes et mémoires ou autres actes seront écrites lisiblement et correctement; elles seront conformes aux originaux, et l'avocat en sera responsable.

ART. 48.

Les écritures des parties, signées par les avocats au Conseil, seront sur papier timbré[1]. — Les pièces par elles produites ne seront point sujettes au droit d'enregistrement, à l'exception des exploits d'huissiers, pour chacun desquels il sera perçu un droit de 1 franc[2]. — N'entendons néan-

---

[1] Par application de l'article 10, § 1er, du décret du 16 juillet 1900 (p. 82), les requêtes ainsi que les pièces qui y sont jointes peuvent être accompagnées, en vue des communications, de copies sur papier libre certifiées conformes par les requérants.

[2] Aujourd'hui 2 francs (Loi du 28 avril 1816, art. 43, n° 13).

moins dispenser les pièces produites devant notre Conseil d'État des droits d'enregistrement auxquels l'usage qui en serait fait ailleurs pourrait donner ouverture. — N'entendons pareillement dispenser du droit d'enregistrement les pièces produites devant notre Conseil d'État, qui, par leur nature, sont soumises à l'enregistrement dans un délai fixe.

ART. 49.

Les avocats au Conseil seront, suivant les circonstances, punis de l'une des peines ci-dessus, dans le cas de contravention aux règlements, et notamment s'ils présentent comme contentieuses des affaires qui ne le seraient pas, ou s'ils portent en notre Conseil d'État des affaires qui seraient de la compétence d'une autre autorité.

ART. 50.

Les avocats au Conseil prêteront serment entre les mains de notre grand juge, Ministre de la Justice.

§ 2. DES HUISSIERS AU CONSEIL.

ART. 51.

Les significations d'avocat à avocat, et celles aux parties ayant leur demeure à Paris, seront faites par des huissiers au Conseil.

DÉCRET

RELATIF À LA PROCÉDURE DEVANT LE CONSEIL D'ÉTAT EN MATIÈRE CONTENTIEUSE ET AUX RÈGLES À SUIVRE PAR LES MINISTRES DANS LES AFFAIRES CONTENTIEUSES.

(Du 2 novembre 1864.)

—

ARTICLE PREMIER.

Seront jugés sans autres frais que les droits de timbre et d'enregistrement : les recours portés devant le Conseil d'État, en vertu de la loi des 7-14 octobre 1790, contre les actes des autorités administratives, pour incompétence ou excès de pouvoirs, les recours contre les décisions portant refus de liquidation ou contre les liquidations de pensions. — Le pourvoi peut être formé sans l'intervention d'un avocat au Conseil d'État, en se conformant d'ailleurs aux prescriptions de l'article 1er du décret du 22 juillet 1806.

ART. 2.

Les articles 130 et 131 du Code de procédure civile sont applicables dans les contestations où l'Administration agit comme représentant le domaine de l'État et dans celles qui sont relatives soit aux marchés de fournitures, soit à l'exécution des travaux publics, aux cas prévus par l'article 4 de la loi du 28 pluviôse an VIII.

art. 3.

Les ordonnances de *soit communiqué* rendues sur des pourvois au Conseil d'État doivent être notifiées dans le délai de deux mois, sous peine de déchéance.

art. 4.

Doivent être formés dans le même délai : l'opposition aux décisions rendues par défaut, autorisée par l'article 29 du décret du 22 juillet 1806; les recours autorisés par l'article 32 du même décret et par l'article 20 du décret du 30 janvier 1852 [1].

art. 5.

Les Ministres font délivrer aux parties intéressées qui le demandent un récépissé constatant la date de la réception et de l'enregistrement, au Ministère, de leur réclamation.

art. 6.

Les Ministres statuent par des décisions spéciales sur les affaires qui peuvent être l'objet d'un recours par la voie contentieuse. — Ces décisions sont notifiées administrativement aux parties intéressées.

art. 7.

Lorsque les Ministres statuent sur des recours contre les décisions d'autorités qui leur sont subordonnées, leur déci-

---

[1] L'article 20 du décret du 30 janvier 1852 n'est plus en vigueur; il a été remplacé par l'article 23 de la loi du 24 mai 1872 (p. 32).

sion doit intervenir dans le délai de quatre mois, à dater
de la réception de la réclamation au Ministère. Si des pièces
sont produites ultérieurement par le réclamant, le délai ne
court qu'à dater de la réception de ces pièces. — Après
l'expiration de ce délai, s'il n'est intervenu aucune décision,
les parties peuvent considérer leur réclamation comme rejetée et se pourvoir devant le Conseil d'État [1].

ART. 8.

Lorsque les Ministres sont appelés à produire des défenses
ou à présenter des observations sur des pourvois introduits
devant le Conseil d'État, la Section du Contentieux fixe, eu
égard aux circonstances de l'affaire, les délais dans lesquels
les réponses et observations doivent être produites.

---

[1] Cette disposition a été étendue par l'article 3 de la loi du 17 juillet 1900
(p. 83) à toutes les affaires contentieuses qui ne peuvent être introduites devant le Conseil d'État que sous la forme de recours contre une décision administrative.

LOI

PORTANT RÉORGANISATION DU CONSEIL D'ÉTAT.

(Du 24 mai 1872.)

TITRE PREMIER.

COMPOSITION DU CONSEIL D'ÉTAT.

ARTICLE PREMIER.

Le Conseil d'État se compose de vingt-deux conseillers d'État en service ordinaire, et de quinze conseillers d'État en service extraordinaire [1].

Il y a, auprès du Conseil d'État : 1° vingt-quatre maîtres des requêtes, et 2° trente auditeurs [2].

Un secrétaire général est placé à la tête des bureaux du Conseil; il a le rang et le titre de maître des requêtes.

Un secrétaire spécial est attaché au contentieux.

ART. 2.

Les Ministres ont rang et séance à l'Assemblée générale du Conseil d'État. Chacun d'eux a voix délibérative, en matière non contentieuse, pour les affaires qui dépendent de

[1] Le nombre des conseillers d'État en service ordinaire a été porté à trente-deux par l'article 1er de la loi du 13 juillet 1879 (p. 36) et celui des conseillers d'État en service extraordinaire à dix-neuf par la loi du 30 novembre 1895 (p. 62).

[2] Le nombre des maîtres des requêtes a été porté à trente-deux et celui des auditeurs à quarante par la loi du 13 avril 1900, article 24, § 1 (p. 77).

son ministère. — Le Garde des Sceaux a voix délibérative
toutes les fois qu'il préside soit l'Assemblée générale, soit les
Sections.

ART. 3 [1].

Les conseillers d'État en service ordinaire sont élus par
l'Assemblée nationale, en séance publique, au scrutin de liste
et à la majorité absolue. Après deux épreuves, il est procédé
à un scrutin de ballottage entre les candidats qui ont obtenu
le plus de suffrages en nombre double de ceux qui restent
encore à élire.

Avant de procéder à l'élection, l'Assemblée nationale
charge une commission de quinze membres, nommée dans
les bureaux, de lui proposer une liste de candidatures.

Cette liste contient des noms en nombre égal à celui des
conseillers à élire, plus une moitié en sus; elle est dressée
par ordre alphabétique.

L'élection ne peut avoir lieu que trois jours au moins
après la distribution et la publication de la liste. Le choix
de l'Assemblée peut porter sur des candidats qui ne sont
pas proposés par la commission.

Les membres du Conseil d'État ne pourront être choisis
parmi les membres de l'Assemblée nationale.

Les députés démissionnaires ne pourront être élus que
six mois après leur démission.

En cas de vacance, par décès ou démission, d'un con-

[1] Cet article a été remplacé par la loi du 25 février 1875 relative à
l'organisation des pouvoirs publics, article 4 (p. 36), aux termes duquel les
conseillers d'État en service ordinaire ne peuvent être nommés ou révoqués
que par décrets rendus en Conseil des Ministres.

seiller d'État, l'Assemblée nationale procède, dans le mois, à l'élection d'un nouveau membre.

Les conseillers d'État en service ordinaire peuvent être suspendus pour un temps qui ne pourra pas excéder deux mois, par décret du Président de la République, et, pendant la durée de la suspension, le conseiller suspendu sera remplacé par le plus ancien maître des requêtes de la Section.

L'Assemblée nationale est de plein droit saisie de l'affaire par le décret qui a prononcé la suspension; à l'expiration du délai, elle maintient ou révoque le conseiller d'État.

En cas de révocation, on procède au remplacement dans le mois.

Les conseillers d'État sont renouvelés par tiers tous les trois ans; les membres sortants sont désignés par le sort et indéfiniment rééligibles.

art. 4.

Le Conseil d'État est présidé par le Garde des Sceaux, Ministre de la Justice, et, en son absence, par un vice-président. Le vice-président est nommé par décret du Président de la République et choisi parmi les conseillers en service ordinaire.

En l'absence du Garde des Sceaux et du vice-président, le Conseil d'État est présidé par le plus ancien des présidents de Section, en suivant l'ordre du tableau.

art. 5.

Les conseillers d'État en service extraordinaire sont nommés par le Président de la République; ils perdent leur titre de conseiller d'État, de plein droit, dès qu'ils cessent d'appartenir à l'administration active.

Les maîtres des requêtes, le secrétaire général et le secrétaire spécial du Contentieux sont nommés par décret du Président de la République; ils ne peuvent être révoqués que par un décret individuel.

Pour la nomination des maîtres des requêtes, du secrétaire général ou du secrétaire du Contentieux, le vice-président et les présidents de Section seront appelés à faire des présentations.

Les décrets portant révocation ne seront rendus qu'après avoir pris l'avis des présidents.

Les auditeurs sont divisés en deux classes, dont la première se compose de dix et la deuxième de vingt[1].

Les auditeurs de deuxième classe sont nommés au concours, dans les formes et aux conditions qui seront déterminées dans un règlement que le Conseil d'État sera chargé de faire. Ils ne restent en fonctions que pendant quatre ans et ne reçoivent aucune indemnité[2].

Les auditeurs de première classe seront nommés au concours, dans les formes déterminées par le règlement du 9 mai 1849. Ne seront admis à concourir que les auditeurs de deuxième classe[3].

---

[1] De l'article 24 de la loi du 13 avril 1900, § 1 (p. 77), il résulte que la première classe se compose de dix-huit auditeurs et la deuxième de vingt-deux.

[2] La loi du 23 mars 1880, article 4 (p. 58), attribue aux auditeurs de deuxième classe, après une année de service, un traitement annuel déterminé par la loi de finances. La loi du 1er juillet 1887, article 1er (p. 58), porte à huit années le temps pendant lequel les auditeurs de deuxième classe restent en fonctions.

[3] La loi du 13 juillet 1879, article 2 (p. 37), supprime le concours pour les auditeurs de première classe et fixe les conditions dans lesquelles ils seront choisis.

Néanmoins seront admis aux épreuves du premier concours, qui aura lieu après la promulgation de la présente loi, pour la première classe, tous les candidats âgés de vingt-cinq à trente ans, qui remplissent les conditions prévues par l'article 5 du règlement du 9 mai 1849.

Les anciens auditeurs au Conseil d'État et ceux qui ont été attachés à la Commission provisoire instituée par le décret du 15 septembre 1870 seront dispensés des épreuves préparatoires.

Les auditeurs de première classe reçoivent un traitement égal à la moitié de celui des maîtres des requêtes; la durée de leurs fonctions n'est pas limitée.

Le tiers au moins des places des maîtres des requêtes sera réservé aux auditeurs de première classe[1].

Les auditeurs tant de seconde que de première classe ne peuvent être révoqués que par des décrets individuels et après avoir pris l'avis du vice-président du Conseil d'État délibérant avec les présidents de Section.

Les employés des bureaux sont nommés par le vice-président du Conseil d'État, sur la proposition du secrétaire général.

ART. 6.

Nul ne peut être nommé conseiller d'État, s'il n'est âgé de trente ans accomplis; maître des requêtes, s'il n'est âgé de vingt-sept ans; auditeur de deuxième classe, s'il a moins de vingt et un ans et plus de vingt-cinq ans[2]; auditeur de

---

[1] La loi de finances du 13 avril 1900, article 24, § 4 (p. 77), réserve aux auditeurs de 1re classe les deux tiers des places vacantes de maîtres des requêtes.

[2] La loi de finances du 13 avril 1900, article 24, § 8 (p. 78), porte à vingt-six ans la limite d'âge.

première classe, s'il a moins de vingt-cinq ans et plus de trente [1].

ART. 7.

Les fonctions de conseiller en service ordinaire et de maître des requêtes sont incompatibles avec toute fonction publique salariée.

Néanmoins les officiers généraux ou supérieurs de l'armée de terre ou de mer, les inspecteurs et ingénieurs des ponts et chaussées, des mines et de la marine, les professeurs de l'enseignement supérieur peuvent être détachés au Conseil d'État. Ils conservent, pendant la durée de leurs fonctions, les droits attribués à leurs positions, sans pouvoir toutefois cumuler leur traitement avec celui du Conseil d'État.

Les fonctions de conseiller, de maître des requêtes sont incompatibles avec celles d'administrateur de toute compagnie privilégiée ou subventionnée.

Les conseillers d'État et les maîtres des requêtes, lorsqu'ils quittent leurs fonctions, peuvent être nommés conseillers ou maîtres des requêtes honoraires.

Est supprimé le titre d'auditeur et de maître des requêtes en service extraordinaire [2].

---

[1] La loi du 1er juillet 1887, article 2 (p. 58), porte à trente-trois ans la limite d'âge.

[2] Rapprocher de cette disposition l'article 3 de la loi du 13 juillet 1879 (p. 37).

TITRE II.

FONCTIONS DU CONSEIL D'ÉTAT.

ART. 8.

Le Conseil d'État donne son avis : 1° sur les projets d'initiative parlementaire que l'Assemblée nationale juge à propos de lui renvoyer ; 2° sur les projets de loi préparés par le Gouvernement et qu'un décret spécial ordonne de soumettre au Conseil d'État; 3° sur les projets de décret, et, en général, sur toutes les questions qui lui sont soumises par le Président de la République ou par les Ministres. Il est appelé nécessairement à donner son avis sur les règlements d'administration publique et sur les décrets en forme de règlement d'administration publique. Il exerce en outre, jusqu'à ce qu'il en soit autrement ordonné, toutes les attributions qui étaient conférées à l'ancien Conseil d'État par les lois et règlements qui n'ont pas été abrogés.

Des conseillers d'État peuvent être chargés par le Gouvernement de soutenir devant l'Assemblée les projets de loi qui ont été renvoyés à l'examen du Conseil.

ART. 9.

Le Conseil d'État statue souverainement sur les recours en matière contentieuse administrative et sur les demandes d'annulation pour excès de pouvoirs formées contre les actes des diverses autorités administratives.

TITRE III.

FORMES DE PROCÉDER.

ART. 10.

Le Conseil d'État est divisé en quatre Sections, dont trois seront chargées d'examiner les affaires d'administration pure, et une de juger les recours contentieux [1].

La Section du Contentieux sera composée de six conseillers d'État et du vice-président du Conseil d'État [2] ; les autres Sections se composeront de quatre conseillers et d'un président [3].

[1] Aux termes de l'article 4 de la loi du 13 juillet 1879, § 1 (p. 38), le Conseil d'État est divisé en cinq Sections dont une Section du Contentieux et une Section de Législation.

[2] L'article 1er de la loi du 1er août 1874 (p. 35) dispose que la Section du Contentieux est présidée par un président de Section et le paragraphe 2 de l'article 4 de la loi du 13 juillet 1879 (p. 38) que la Section du Contentieux est composée de six conseillers en service ordinaire et d'un président. Mais, le paragraphe 3 de l'article 24 de la loi de finances du 13 avril 1900 (p. 77) ayant délégué à un règlement d'administration publique le soin de statuer sur la répartition du nombre des conseillers entre les Sections, la Section du Contentieux est, aux termes de l'article 1er du règlement d'administration publique du 16 juillet 1900 (p. 79), composée aujourd'hui de sept conseillers d'État en service ordinaire et d'un président.

[3] L'article 4, § 2, de la loi du 13 juillet 1879 (p. 38) a porté à six le nombre des conseillers composant chacune des autres Sections, mais l'article 24, § 3, de la loi de finances du 13 avril 1900 (p. 77) a délégué à un règlement d'administration publique le soin de statuer sur la répartition du nombre des conseillers entre les Sections; l'article 1er de ce règlement, qui porte la date du 16 juillet 1900 (p. 79), en vue d'augmenter d'une unité le nombre des conseillers composant la Section du Contentieux, a renvoyé à un décret la désignation, suivant les nécessités du service, de celle des autres Sections qui ne sera composée que de quatre conseillers et d'un président.

Les présidents de Section sont nommés par décrets du Président de la République et choisis parmi les conseillers en service ordinaire. — Le Ministre de la Justice a le droit de présider les Sections, hormis la Section du Contentieux. — Les conseillers en service ordinaire sont répartis entre les Sections par décrets du Président de la République. Les conseillers en service extraordinaire, les maîtres des requêtes et les auditeurs sont distribués entre les Sections par arrêtés du Ministre de la Justice, suivant les besoins du service. Les conseillers en service extraordinaire ne peuvent pas être attachés à la Section du Contentieux.

Un règlement d'administration publique statuera sur l'ordre intérieur des travaux du Conseil, sur la répartition des affaires entre les Sections, sur la nature des affaires qui devront être portées à l'Assemblée générale, sur le mode de roulement des membres entre les Sections et sur les mesures d'exécution non prévues par la présente loi.

ART. 11.

Les conseillers en service extraordinaire ont voix délibérative, soit à l'Assemblée générale, soit à la Section, dans les affaires qui dépendent du département ministériel auquel ils appartiennent. Ils n'ont que voix consultative dans les autres affaires.

Les maîtres des requêtes ont voix délibérative, soit à l'Assemblée générale, soit à la Section, dans les affaires dont le rapport leur a été confié, et voix consultative dans les autres.

Les auditeurs ont voix délibérative à leur Section et voix consultative à l'Assemblée générale, seulement dans les affaires dont ils sont les rapporteurs.

ART. 12.

Le Conseil d'État, en Assemblée générale, ne peut délibérer si treize au moins de ses membres, ayant voix délibérative, ne sont présents[1]. En cas de partage, la voix du président est prépondérante.

Les Sections administratives ne peuvent délibérer valablement que si trois conseillers en service ordinaire sont présents. En cas de partage, la voix du président est prépondérante.

ART. 13.

Les décrets rendus après délibération de l'Assemblée générale mentionnent que le Conseil d'État a été entendu.

Les décrets rendus après délibération d'une ou de plusieurs Sections mentionnent que ces Sections ont été entendues.

ART. 14.

Le Gouvernement peut appeler à prendre part aux séances de l'Assemblée ou des Sections, avec voix consultative, les personnes que leurs connaissances spéciales mettraient en mesure d'éclairer la discussion.

ART. 15.

La Section du Contentieux est chargée de diriger l'instruction écrite et de préparer le rapport des affaires contentieuses qui doivent être jugées par le Conseil d'État. Elle ne

---

[1] Le nombre de treize a été porté à seize par l'article 6 de la loi du 13 juillet 1879 (p. 39).

peut délibérer que si trois au moins de ses membres, ayant voix délibérative, sont présents[1].

En cas de partage, on appellera le plus ancien des maîtres des requêtes présents à la séance. — Tous les rapports au Contentieux sont faits par écrit.

ART. 16.

Trois maîtres des requêtes sont désignés par le Président de la République pour remplir au Contentieux les fonctions de commissaire du Gouvernement[2]. — Ils assisteront aux délibérations de la Section du Contentieux.

ART. 17.

Le rapport est fait, au nom de la Section du Contentieux, à l'Assemblée publique du Conseil d'État statuant au Contentieux. Cette Assemblée se compose : 1° des membres de la Section; 2° de six conseillers en service ordinaire, pris dans les autres Sections et désignés par le vice-président du Conseil, délibérant avec les présidents de Section[3]. — Les conseillers adjoints à la Section du Contentieux ne peuvent y être remplacés que par une décision prise dans la forme qui est suivie pour leur désignation.

[1] Aux termes du paragraphe 3 de l'article 1er du décret du 16 juillet 1900 (p. 79), portant règlement d'administration publique pour l'exécution du paragraphe 2 de l'article 24 de la loi de finances du 13 avril 1900 (p. 77), la Section du Contentieux ne peut délibérer que si cinq conseillers au moins, y compris le président, sont présents.

[2] Aux termes de l'article 8, § 1, du décret du 16 juillet 1900 (p. 81), le nombre des commissaires du Gouvernement est de quatre au moins, de six au plus.

[3] Le nombre de six conseillers a été porté à huit par l'article 5 de la loi du 13 juillet 1879 (p. 39).

ART. 18.

Après le rapport, les avocats des parties présentent leurs observations orales. — Les questions posées par les rapports sont communiquées, sans déplacement, aux avocats, quatre jours au moins avant la séance. — Le commissaire du Gouvernement donne ses conclusions dans chaque affaire.

ART. 19.

Les affaires pour lesquelles il n'y a pas de constitution d'avocat ne sont portées à l'audience publique que si ce renvoi a été demandé par l'un des conseillers d'État de la Section ou par le commissaire du Gouvernement à qui elles sont préalablement communiquées. Si le renvoi n'a pas été demandé, ces affaires sont jugées par la Section du Contentieux, sur le rapport de celui de ses membres que le président en a chargé et après les conclusions du commissaire du Gouvernement [1].

ART. 20.

Les membres du Conseil d'État ne peuvent participer au jugement des recours dirigés contre les décisions qui ont été préparées par les Sections auxquelles ils appartiennent, s'ils ont pris part à la délibération.

ART. 21.

L'Assemblée du Conseil d'État statuant au Contentieux

---

[1] Les pouvoirs de la Section du Contentieux ont été étendus par l'article 3 de la loi du 26 octobre 1888 (p. 61), qui dispose qu'elle peut statuer en audience publique sur les affaires d'élections et de contributions directes ou de taxes assimilées dans lesquelles il y a constitution d'avocat.

ne peut délibérer qu'en nombre impair[1]; elle ne décide valablement que si neuf membres au moins, ayant voix délibérative, sont présents.

Pour compléter l'Assemblée, les conseillers d'État absents ou empêchés peuvent être remplacés par d'autres conseillers en service ordinaire, suivant l'ordre du tableau.

ART. 22.

Toutes les décisions prises par l'Assemblée du Conseil d'État délibérant au Contentieux et par la Section du Contentieux sont lues en séance publique, transcrites sur le procès-verbal des délibérations et signées par le vice-président, le rapporteur et le secrétaire du Contentieux. Il y est fait mention des membres ayant délibéré. Les expéditions qui sont délivrées par le secrétaire portent la formule exécutoire.

ART. 23.

Le procès-verbal des séances de la Section et de l'Assemblée du Conseil d'État statuant au Contentieux mentionne l'accomplissement des dispositions contenues dans les articles 15, 17, 18, 19, 20, 21 et 22.

Dans le cas où ces dispositions n'ont pas été observées, la décision peut être l'objet d'un recours en revision, qui est introduit dans les formes établies par l'article 33 du décret du 22 juillet 1806 et dans les délais fixés par le décret du 2 novembre 1864.

---

[1] L'article 5 de la loi du 13 juillet 1879 (p. 39) a complété cette disposition en prescrivant l'abstention du dernier des conseillers dans l'ordre du tableau lorsque les membres de l'Assemblée du Contentieux délibérant dans une affaire sont en nombre pair.

ART. 24.

Le décret du 22 juillet 1806, les lois et règlements relatifs à l'instruction et au jugement des affaires contentieuses continueront à être observés devant la Section et l'Assemblée du Conseil d'État statuant au Contentieux.

Sont applicables à l'Assemblée les dispositions des articles 88 et suivants du Code de procédure civile sur la police des audiences.

Les recours formés contre les décisions des autorités administratives continueront à n'être pas suspensifs.

Néanmoins les Conseils de préfecture pourront subordonner l'exécution de leurs décisions, en cas de recours, à la charge de donner caution ou de justifier d'une solvabilité suffisante.

Les formalités édictées par les articles 440 et 441 du Code de procédure civile seront observées pour la présentation de la caution.

TITRE IV.

DES CONFLITS ET DU TRIBUNAL DES CONFLITS.

ART. 25.

Les conflits d'attribution entre l'autorité administrative et l'autorité judiciaire sont réglés par un tribunal spécial composé :

1° Du Garde des Sceaux, *président;* 2° de trois conseillers d'État en service ordinaire, élus par les conseillers en service ordinaire; 3° de trois conseillers à la Cour de cassation nommés par leurs collègues; 4° de deux membres et deux suppléants qui seront élus par la majorité des autres juges désignés aux paragraphes précédents.

Les membres du Tribunal des conflits sont soumis à réélection tous les trois ans et indéfiniment rééligibles.

Ils choisissent un vice-président au scrutin secret, à la majorité absolue des voix.

Ils ne pourront délibérer valablement qu'au nombre de cinq membres présents au moins.

ART. 26.

Les Ministres ont le droit de revendiquer devant le Tribunal des conflits les affaires portées à la Section du Contentieux et qui n'appartiendraient pas au contentieux administratif.

Toutefois ils ne peuvent se pourvoir devant cette juridiction qu'après que la Section du Contentieux a refusé de faire droit à la demande en revendication qui doit lui être préalablement communiquée.

ART. 27.

La loi du 4 février 1850 et le règlement du 26 octobre 1849, sur le mode de procéder devant le Tribunal des conflits, sont remis en vigueur.

ART. 28.

Les délais fixés pour le jugement des conflits seront suspendus pendant le temps qui s'écoulera entre la promulgation de la présente loi et l'installation du Tribunal des conflits.

DÉCRET

PORTANT RÈGLEMENT INTÉRIEUR DU CONSEIL D'ÉTAT.

(Du 21 août 1872.)

(Remplacé par le décret du 2 août 1879, p. 40.)

DÉCRET

**PORTANT RÈGLEMENT DU CONCOURS POUR LA NOMINATION
DES AUDITEURS DE 2ᵉ CLASSE AU CONSEIL D'ÉTAT.**

(Du 14 octobre 1872.)

(Remplacé par le décret du 30 mars 1897, p. 62.)

LOI

SUR LE CONSEIL D'ÉTAT.

(Du 1ᵉʳ août 1874.)

ARTICLE PREMIER.

La Section du Contentieux sera présidée par un président
de Section, qui sera nommé dans les conditions et les formes
déterminées par l'article 10 de la loi du 24 mai 1872. Il
n'aura la présidence de l'Assemblée publique du Conseil
d'État au Contentieux qu'en l'absence du vice-président.

3.

ART. 2.

Est supprimé le minimum de vingt-cinq ans d'âge exigé, par l'article 6 de la loi du 24 mai 1872, des auditeurs de deuxième classe pour être admis au concours de la première.

LOI

RELATIVE À L'ORGANISATION DES POUVOIRS PUBLICS.

(Du 25 février 1875.)

ART. 4.

Au fur et à mesure des vacances qui se produiront à partir de la promulgation de la présente loi, le Président de la République nomme, en Conseil des Ministres, les conseillers d'État en service ordinaire.

Les conseillers d'État ainsi nommés ne pourront être révoqués que par décret rendu en Conseil des Ministres.

LOI

RELATIVE AU CONSEIL D'ÉTAT.

(Du 13 juillet 1879.)

ARTICLE PREMIER.

Le Conseil d'État se compose :

1° De trente-deux conseillers d'État en service ordinaire;

2° De dix-huit conseillers en service extraordinaire;

3° De trente maîtres des requêtes;

4° De trente-six auditeurs, savoir : douze de première classe et vingt-quatre de seconde classe [1].

ART. 2.

Le concours pour les fonctions d'auditeur de première classe est supprimé.

Les auditeurs de première classe seront choisis parmi les auditeurs de seconde classe ou parmi les anciens auditeurs sortis du Conseil qui comptent quatre années d'exercice soit de leurs fonctions, soit des fonctions publiques auxquelles ils auraient été appelés.

Ils seront nommés par décret du Président de la République. Le vice-président et les présidents de Sections seront appelés à faire des présentations.

ART. 3.

Les conseillers d'État en service ordinaire, maîtres des requêtes et auditeurs de première classe, après trois années depuis leur entrée au Conseil d'État, pourront, sans perdre leur rang au Conseil, être nommés à des fonctions publiques pour une durée qui n'excédera pas trois ans.

Le nombre des membres du Conseil ainsi nommés à des fonctions publiques ne pourra excéder le cinquième

---

[1] Le nombre des conseillers d'État en service extraordinaire a été élevé à dix-neuf par la loi du 30 novembre 1895 (p. 62), celui des maîtres des requêtes à trente-deux par l'article 24, § 1er, de la loi du 13 avril 1900 (p. 77), et celui des auditeurs à quarante, dont dix-huit de première classe, par la même disposition.

du nombre des conseillers, maîtres des requêtes et auditeurs.

Pendant ces trois années, ils ne seront pas remplacés.

Les traitements ne pourront être cumulés.

Les conseillers et maîtres des requêtes qui seront remplacés dans leurs fonctions pourront obtenir le titre de conseillers et de maîtres des requêtes honoraires.

Les auditeurs de première classe remplacés dans leurs fonctions pourront être nommés maîtres des requêtes honoraires, s'ils comptent huit ans de fonctions au Conseil d'État.

ART. 4.

Le Conseil d'État est divisé en cinq Sections, dont une Section du Contentieux et une Section de Législation.

Les Sections sont composées de cinq conseillers d'État en service ordinaire et d'un président, à l'exception de la Section du Contentieux, qui est composée de six conseillers en service ordinaire et d'un président [1].

Il y aura un quatrième commissaire du Gouvernement attaché à cette Section [2].

Un règlement d'administration publique statuera sur l'ordre intérieur des travaux du Conseil, sur la répartition des membres et des affaires entre les Sections, sur la nature des affaires qui devront être portées à l'Assemblée générale, sur le mode de roulement des membres entre les

---

[1] La Section du Contentieux est aujourd'hui composée de sept conseillers et d'un président. (Voir la note 2, page 27.)

[2] Aux termes de l'article 8, § 1, du décret du 16 juillet 1900 (p. 81), le nombre des commissaires du Gouvernement est de quatre au moins et de six au plus.

Sections et sur les mesures d'exécution non prévues par la présente loi.

ART. 5.

L'Assemblée publique du Conseil d'État statuant au Contentieux se compose :

1° Du vice-président;

2° Des membres de la Section;

3° De huit conseillers en service ordinaire, pris dans les autres Sections et désignés conformément à l'article 17 de la loi du 24 mai 1872.

Lorsque les membres de l'Assemblée du Contentieux, délibérant dans une affaire, seront en nombre pair, le dernier des conseillers dans l'ordre du tableau devra s'abstenir.

ART. 6.

Le Conseil d'État, en Assemblée générale, ne peut délibérer si seize au moins des conseillers en service ordinaire ne sont présents. En cas de partage, la voix du président est prépondérante.

ART. 7.

Toutes les lois antérieures sont abrogées en ce qu'elles auraient de contraire à la présente loi.

DÉCRET

PORTANT RÈGLEMENT INTÉRIEUR DU CONSEIL D'ÉTAT.

(Du 2 août 1879.)

LE PRÉSIDENT DE LA RÉPUBLIQUE FRANÇAISE,

Vu la loi du 24 mai 1872 et le décret portant règlement intérieur du Conseil d'État, du 21 août suivant;

Vu la loi du 1er août 1874;

Vu l'article 4, § 4, de la loi du 13 juillet 1879 portant :

« Un règlement d'administration publique statuera sur l'ordre intérieur des travaux du Conseil, sur la répartition des membres et des affaires entre les Sections, sur la nature des affaires qui devront être portées à l'Assemblée générale, sur le mode de roulement des membres entre les Sections et sur les mesures d'exécution non prévues par la présente loi »;

Le Conseil d'État entendu,

DÉCRÈTE :

TITRE PREMIER.

DE L'ORGANISATION INTÉRIEURE DU CONSEIL D'ÉTAT.

ARTICLE PREMIER.

Les projets et les propositions de loi renvoyés au Conseil d'État, soit par les Chambres, soit par le Gouvernement, et les affaires administratives ressortissant aux différents

Ministères sont répartis entre les quatre Sections suivantes :

1° Section de Législation, de la Justice et des Affaires
étrangères;

2° Section de l'Intérieur, des Cultes, de l'Instruction
publique et des Beaux-Arts;

3° Section des Finances, de la Guerre, de la Marine et
des Colonies;

4° Section des Travaux publics, de l'Agriculture, du
Commerce, de l'Industrie et des Postes et Télégraphes [1].

Les projets et les propositions de loi, les projets de règlement d'administration publique et les affaires administratives concernant l'Algérie sont examinés par les différentes Sections suivant la nature du service auquel ils se
rattachent.

ART. 2.

Le Ministre de la Justice ou le vice-président du Conseil
d'État pourra toujours réunir à la Section compétente soit
la Section de Législation, soit telle autre Section qu'il croira
devoir désigner.

ART. 3.

Les conseillers d'État, maîtres des requêtes et auditeurs
de 1re classe qui sont nommés à des fonctions publiques,
conformément à l'article 3 de la loi du 13 juillet 1879, ont

---

[1] Les dénominations de la 3e et de la 4e Section ont été fixées par un décret
du 16 juillet 1890, qui a transféré les affaires concernant le service des
postes et des télégraphes de la Section des Finances à la Section des Travaux
publics.

entrée à la Section administrative à laquelle ils appartiennent et à l'Assemblée générale.

Toutefois les conseillers d'État ainsi nommés à des fonctions publiques ne peuvent prendre part aux travaux du Conseil que dans les conditions prévues, pour les conseillers d'État en service extraordinaire, par l'article 11 de la loi du 24 mai 1872.

ART. 4 [1].

Les trente-deux maîtres des requêtes, les dix-huit auditeurs de 1re classe et les vingt-deux auditeurs de 2e classe sont répartis ainsi qu'il suit :

1° A la Section de Législation, etc. :
   3 maîtres des requêtes,
   2 auditeurs de 1re classe,
   2 auditeurs de 2e classe;

2° A la Section du Contentieux :
   16 maîtres des requêtes, y compris les commissaires du Gouvernement,
   10 auditeurs de 1re classe, y compris les 4 commissaires suppléants du Gouvernement,
   10 auditeurs de 2e classe;

3° A la Section de l'Intérieur, etc. :
   5 maîtres des requêtes,
   2 auditeurs de 1re classe,
   3 auditeurs de 2e classe;

[1] Cet article 4 a été ainsi modifié par un décret en date du 17 juillet 1900.

4° A la Section des Finances, etc. :

    4 maîtres des requêtes,

    2 auditeurs de 1re classe,

    4 auditeurs de 2e classe;

5° A la Section des Travaux publics, etc. :

    4 maîtres des requêtes,

    2 auditeurs de 1re classe,

    3 auditeurs de 2e classe.

Néanmoins cette répartition, dans le cas où les besoins du service le rendraient nécessaire, pourra être modifiée par le vice-président du Conseil d'État, sur la proposition des présidents de Section.

ART. 5.

Tous les trois ans, il peut être procédé à une nouvelle répartition des conseillers d'État et des maîtres des requêtes entre les diverses Sections. Cette répartition est faite par décret du Président de la République en ce qui concerne les conseillers d'État, et par arrêté du Ministre de la Justice, sur la proposition du vice-président et des présidents de Section, en ce qui concerne les maîtres des requêtes.

En dehors des époques fixées pour le roulement, les conseillers d'État ne peuvent être déplacés par décret du Président de la République que sur leur demande et de l'avis du vice-président du Conseil d'État.

Chaque année, au 15 octobre, le Ministre de la Justice arrête, sur la même proposition, la répartition des auditeurs entre les Sections.

ART. 6.

Le secrétaire général dirige les travaux des bureaux et tient la plume à l'Assemblée générale du Conseil. Il signe et certifie les expéditions des actes, des décrets et des avis du Conseil d'État délivrées aux personnes qui ont qualité pour les réclamer, sauf pour les décisions rendues en matière contentieuse.

En cas d'absence ou d'empêchement, il est suppléé par un maître des requêtes désigné par le Ministre de la Justice.

TITRE II.

DE L'ATTRIBUTION DES AFFAIRES À L'ASSEMBLÉE GÉNÉRALE ET AUX SECTIONS.

ART. 7 [1].

Sont portés à l'Assemblée générale du Conseil d'État :

1° Les projets et les propositions de loi renvoyés au Conseil d'État;

2° Les projets de règlement d'administration publique ;

3° L'enregistrement des bulles et autres actes du Saint-Siège ;

4° Les recours pour abus ;

5° Les autorisations des congrégations religieuses et la vérification de leurs statuts;

[1] Cet article 7 a été ainsi modifié par un décret en date du 3 avril 1886.

6° La création des établissements ecclésiastiques ou religieux ;

7° L'autorisation d'accepter les dons et legs excédant cinquante mille francs, lorsqu'il y a opposition des héritiers ;

8° L'annulation des délibérations prises par les conseils généraux des départements dans les cas prévus par les articles 33 et 47 de la loi du 10 août 1871 ;

9° Les impositions d'office établies sur des départements dans les cas prévus par l'article 61 de la loi du 10 août 1871 ;

10° Les traités passés par la Ville de Paris pour les objets énumérés dans l'article 16 de la loi du 24 juillet 1867 ;

11° Les changements apportés à la circonscription territoriale des communes ;

12° La création des octrois ;

13° La création des tribunaux de commerce et des conseils de prud'hommes, la création ou la prorogation des chambres temporaires dans les cours et tribunaux ;

14° La création des chambres de commerce ;

15° La naturalisation des étrangers accordée à titre exceptionnel, en vertu de l'article 2 de la loi du 29 juin 1867 ;

16° Les prises maritimes ;

17° La délimitation des rivages de la mer ;

18° Les demandes en concession de mines, soit en France, soit en Algérie ;

19° L'exécution des travaux publics à la charge de l'État qui peuvent être autorisés par décret ;

20° L'exécution des tramways ;

21° Les concessions de desséchement de marais, les travaux d'endiguement et ceux de redressement des cours d'eau non navigables;

22° L'approbation des tarifs de ponts à péage et de bacs et le rachat des concessions de ponts à péage;

23° L'établissement de droits de tonnage dans les ports maritimes;

24° L'autorisation des sociétés d'assurance sur la vie, des tontines et les modifications des statuts des sociétés anonymes autorisées avant la loi du 24 juillet 1867;

25° La suppression des établissements dangereux, incommodes et insalubres, dans les cas prévus par le décret du 15 octobre 1810;

26° Toutes les affaires non comprises dans cette nomenclature sur lesquelles il doit être statué, en vertu d'une disposition spéciale, par décrets rendus dans la forme des règlements d'administration publique;

27° Enfin les affaires qui, à raison de leur importance, sont renvoyées à l'examen de l'Assemblée générale, soit par les Ministres, soit par le président de Section, d'office ou sur la demande de la Section.

TITRE III.

DE L'ORDRE INTÉRIEUR DES TRAVAUX.

§ 1. ASSEMBLÉES DE SECTION.

ART. 8.

Il est tenu dans chaque Section un rôle sur lequel toutes les affaires sont inscrites d'après leur ordre de date.

Le président de la Section distribue les affaires entre les rapporteurs. Il désigne celles des affaires qui sont réputées urgentes soit par leur nature, soit par des circonstances spéciales.

ART. 9.

La date de la distribution des affaires, avec l'indication de leur nature, est inscrite sur un registre particulier qui reste à la disposition du président de la Section.

ART. 10.

Le secrétaire de chaque Section tient note, sur un registre spécial, des affaires délibérées à chaque séance et de la décision prise par la Section. Il y fait mention de tous les membres présents.

ART. 11.

En l'absence du président de la Section, la présidence appartient à celui des conseillers d'État qui est le premier inscrit sur le tableau.

ART. 12.

Lorsque plusieurs Sections sont réunies, la présidence appartient, en l'absence du Ministre de la Justice, au vice-président ou à celui des présidents de ces Sections qui est le premier dans l'ordre du tableau.

Les lettres de convocation contiennent l'indication des affaires qui doivent être traitées dans ces réunions.

§ 2. Des Assemblées générales.

ART. 13.

Les jours et heures des Assemblées générales sont fixés

par le Conseil d'État, sur la proposition du Ministre de la
ustice.

En cas d'urgence, le Conseil est convoqué par le vice-
président.

ART. 14.

Il est dressé par le secrétaire général; pour chaque
séance, un rôle des affaires qui doivent être délibérées en
Assemblée générale. Ce rôle mentionne le nom du rapporteur et contient la notice de chaque affaire rédigée par le
rapporteur.

ART. 15.

Le rôle est imprimé et adressé aux conseillers d'État,
maîtres des requêtes et auditeurs, deux jours au moins
avant la séance.

Sont imprimés et distribués en même temps que le rôle,
s'ils n'ont pu l'être antérieurement, les projets de loi et de
règlement d'administration publique, les avis proposés par
les Sections, ainsi que les documents à l'appui desdits projets
dont l'impression aura été jugée nécessaire par les Sections.

Les documents non imprimés sont déposés au Secrétariat
général le jour où a lieu la distribution du rôle et des im-
presssions, et ils y sont tenus à la disposition des membres
du Conseil, sauf les cas d'urgence.

ART. 16.

Le procès-verbal contient les noms des conseillers d'État
présents.

Les conseillers d'État et les maîtres des requêtes qui sont
empêchés de se rendre à la séance doivent en prévenir
d'avance le vice-président du Conseil d'État.

Il en est de même des auditeurs qui sont chargés de rapports inscrits à l'ordre du jour.

En cas d'urgence, les rapporteurs empêchés doivent, de l'agrément du président de leur Section, remettre l'affaire dont ils sont chargés à un de leurs collègues.

ART. 17.

Le président a la police de l'Assemblée ; il dirige les débats, résume la discussion, pose les questions à résoudre.

Nul ne peut prendre la parole sans l'avoir obtenue.

ART. 18.

Les votes ont lieu par assis et levé ou par appel nominal.

Toutes les élections ont lieu au scrutin secret, à la majorité absolue des membres présents et sur convocation spéciale.

Le président proclame le résultat des votes.

§ 3. DE L'INSTRUCTION ET DU JUGEMENT DES AFFAIRES CONTENTIEUSES.

ART. 19.

La communication des recours aux parties intéressées et aux Ministres, s'il y a lieu, les demandes de pièces, les mises en cause et tous les autres actes d'instruction sont délibérés par la Section du Contentieux, sur l'exposé du rapporteur.

Les décisions relatives aux actes d'instruction sont signées par le président de la Section.

ART. 20.

Le président de la Section du Contentieux distribue les affaires entre les quatre maîtres des requêtes qui remplissent les fonctions du ministère public.

ART. 21 [1].

La Section du Contentieux ne peut statuer, en exécution de l'article 19 de la loi du 24 mai 1872, sur les affaires introduites sans le ministère d'un avocat au Conseil, que si trois conseillers d'État au moins sont présents.

ART. 22.

Le rôle de chaque séance publique du Conseil d'État est préparé par le commissaire du Gouvernement chargé de porter la parole dans la séance; il est arrêté par le président.

Ce rôle, imprimé et contenant sur chaque affaire une notice sommaire rédigée par le rapporteur, est distribué, quatre jours au moins avant la séance, à tous les conseillers d'État de service à l'Assemblée du Conseil statuant au Contentieux, ainsi qu'aux maîtres des requêtes et auditeurs de la Section du Contentieux.

Il est également remis aux Ministres qui ont pris des conclusions et aux avocats dont les affaires doivent être appelées.

ART. 23.

En l'absence du vice-président du Conseil d'État, la présidence de l'Assemblée du Conseil statuant au Contentieux appartient au président de la Section du Contentieux.

En cas d'empêchement du secrétaire du Contentieux, un

---

[1] Cet article 21 a été substitué, par le décret du 9 décembre 1884, à l'article 21 primitif.

Le paragraphe 3 de l'article premier du décret du 16 juillet 1900 (p. 79) dispose que la Section du Contentieux ne peut délibérer que si cinq conseillers au moins, y compris le président, sont présents.

secrétaire adjoint peut être désigné par le vice-président du Conseil d'État, sur la proposition du président de la Section du Contentieux.

ART. 24.

Toutes les décisions rendues par le Conseil d'État statuant au Contentieux ou par la Section du Contentieux contiennent les noms et demeures des parties, leurs conclusions, le vu des pièces principales et des lois appliquées.

Elles portent en tête la mention suivante :

« AU NOM DU PEUPLE FRANÇAIS,

« *Le Conseil d'État statuant au Contentieux* (ou *La Section du Contentieux du Conseil d'État*)... » [1].

ART. 25.

L'expédition des décisions, délivrée par le secrétaire du Contentieux, porte la formule exécutoire suivante :

« La République mande et ordonne aux Ministres de (*ajouter le département ministériel désigné par la décision*), en ce qui les concerne, et à tous huissiers à ce requis, en ce qui concerne les voies de droit commun contre les parties privées, de pourvoir à l'exécution de la présente décision. »

TITRE IV.
DISPOSITIONS GÉNÉRALES.

ART. 26.

Les présidents de Section et les conseillers d'État siègent dans l'ordre du tableau.

[1] Voir, pour la Section temporaire du Contentieux, l'article 7 du décret du 4 août 1900 (p. 87).

Le tableau comprend : 1° le vice-président ; 2° les présidents de Section ; 3° les conseillers d'État en service ordinaire ; 4° les conseillers d'État en service extraordinaire ; 5° les maîtres des requêtes et les auditeurs.

Ils y sont tous inscrits dans l'ordre de leur nomination.

ART. 27.

Les conseillers d'État ne peuvent s'absenter sans un congé donné par le Ministre de la Justice, après avoir pris l'avis du vice-président et du président de leur Section.

Les maîtres des requêtes et les auditeurs ne peuvent s'absenter sans un congé donné par le vice-président, après avoir pris l'avis du président de la Section dont ils font partie.

ART. 28.

Dans le cas où, par suite de vacance, d'absence ou d'empêchement d'un ou de plusieurs conseillers d'État, une Section ne se trouve pas en nombre pour délibérer, le vice-président du Conseil, de concert avec les présidents de Section, la complète par l'appel de conseillers d'État pris dans les autres Sections.

En cas d'urgence, la décision est prise par le président de la Section.

ART. 29.

Tout conseiller d'État, maître des requêtes ou auditeur qui s'absente sans congé ou qui excède la durée du congé qu'il a obtenu, subit la retenue intégrale de la portion de son traitement afférente au temps pendant lequel a duré son absence non autorisée.

Si l'absence non autorisée dure plus d'un mois, le Ministre de la Justice en informe le Président de la République.

ART. 30.

Au procès-verbal des Sections et des Assemblées générales du Conseil d'État est annexé un résumé des discussions relatives aux projets de loi, aux règlements d'administration publique et aux affaires pour lesquelles, en raison de leur importance, le président jugerait que la discussion doit être recueillie.

Ce résumé est fait par un auditeur désigné par le président et assisté d'un rédacteur spécial.

Il reproduit sommairement les discussions; il est soumis à la revision du président ou de l'un des conseillers d'État ou maîtres des requêtes présents à la séance, délégué par le président.

ART. 31.

L'époque des vacances du Conseil d'État est fixée, chaque année, par un décret du Président de la République.

Le même décret forme deux Sections pour délibérer sur les affaires urgentes et désigne neuf conseillers d'État en service ordinaire, huit maîtres des requêtes et dix auditeurs pour composer ces Sections.

L'Assemblée générale ne peut délibérer pendant les vacations qu'autant que neuf au moins de ses membres, ayant voix délibérative, sont présents.

Les conseillers d'État désignés pour faire partie de la Section des vacations peuvent se faire remplacer, de l'agrément du président, par un autre conseiller d'État.

ART. 32.

La bibliothèque est placée sous la surveillance d'une commission de trois conseillers d'État élus au scrutin. Cette commission règle tout ce qui concerne l'acquisition, le prêt et l'usage des livres.

ART. 33.

Le Garde des Sceaux, Ministre de la Justice, est chargé de l'exécution du présent décret, qui sera inséré au *Bulletin des lois.*

ARRÊTÉ

PORTANT RÈGLEMENT POUR LA BIBLIOTHÈQUE DU CONSEIL D'ÉTAT.

(Du 10 mars 1880.)

Le vice-président du Conseil d'État et les présidents de Section et conseillers d'État, membres de la Commission de la bibliothèque,

ARRÊTENT :

ARTICLE PREMIER.

La bibliothèque du Conseil d'État a pour destination essentielle de mettre, dans les salles de la bibliothèque ou dans les salles du Conseil, à la disposition de tous ses membres, les livres, collections et documents de toute nature utiles à la réalisation des travaux.

La bibliothèque ne pourra qu'exceptionnellement être

détournée de cette destination et seulement aux conditions
ci-après indiquées.

ART. 2.

Les livres consultés dans les salles de la bibliothèque
devront toujours être demandés au bibliothécaire, qui
prendra note de la communication.

Les recueils de lois et de jurisprudence et, en général,
les collections usuelles pourront être consultés directement,
sans que cette formalité soit exigée.

ART. 3.

Les livres demandés pour le service des Sections ou de
l'Assemblée générale du Conseil seront pris en note par le
bibliothécaire, avec indication de la Section ou de l'Assemblée à laquelle ils seront envoyés.

Ces notes seront détruites quand les livres seront restitués.

ART. 4.

Les livres qui pourront être emportés au dehors seront
les livres traitant de littérature, d'histoire, de philosophie,
de sciences naturelles, d'économie politique, etc., et, par
exception, les œuvres ayant trait aux travaux du Conseil,
quand la bibliothèque en possédera plusieurs exemplaires.

Ne pourront, en aucun cas, être emportés au dehors les
atlas, dictionnaires et almanachs, les volumes faisant partie
des collections, les volumes rares ni, en général, les ouvrages d'un usage quotidien.

ART. 5.

Le prêt des livres au dehors, dans les cas où il est auto-
risé, ne pourra avoir lieu que contre un récépissé signé de

l'emprunteur, qui contiendra l'indication du livre, la date de l'emprunt et le délai pour lequel il est fait.

Ce récépissé sera rendu à son auteur le jour où il fera la restitution du livre à la bibliothèque.

ART. 6.

Le prêt ne pourra s'étendre au delà de quinze jours pour les ouvrages afférents aux travaux du Conseil et d'un mois pour tous les autres.

A l'expiration du délai, si la restitution n'est pas opérée, le bibliothécaire adressera une lettre de réclamation à l'emprunteur. A défaut de réponse dans les trois jours, un agent du Conseil, muni d'une lettre du bibliothécaire et du récépissé, se présentera à domicile pour reprendre les livres empruntés.

ART. 7.

Le prêt pourra être renouvelé une fois par le bibliothécaire, mais il ne pourra être prorogé une seconde fois qu'avec l'autorisation de la Commission de la bibliothèque.

Les ouvrages prêtés, en cas de perte ou de grave détérioration, seront remplacés aux frais de l'emprunteur.

ART. 8.

La bibliothèque est ouverte tous les jours, de onze heures à cinq heures, les dimanches et fêtes exceptés.

Les jours de séance des Sections ou de l'Assemblée générale, elle reste ouverte jusqu'à la fin des séances.

Pendant les vacations, la bibliothèque est ouverte tous les jours de midi à quatre heures et, les jours de séance, jusqu'à ce qu'elle soit levée.

Il est expressément recommandé de ne pas causer à haute voix dans toutes les salles qui en dépendent.

Il est absolument interdit d'y fumer.

ART. 9.

Le bibliothécaire est chargé de la bibliothèque. Il veille à la stricte observation de toutes les prescriptions du règlement.

En cas de difficulté, il en réfère à la Commission de la bibliothèque.

ART. 10.

Le présent règlement est applicable au service des archives et des imprimés du Conseil d'État.

ART. 11.

Le bibliothécaire s'occupera sans retard, sous la direction de la Commission, de préparer tous les éléments nécessaires à la confection d'un catalogue de la bibliothèque.

Ce catalogue sera livré à l'impression au fur et à mesure que les ressources du Conseil d'État le permettront.

ART. 12.

Le maître des requêtes, secrétaire général du Conseil d'État, est chargé de l'exécution du présent arrêté.

LOI

RELATIVE AU RENOUVELLEMENT DES AUDITEURS DE 2ᵉ CLASSE AU CONSEIL D'ÉTAT.

(Du 23 mars 1880.)

. . . .

ART. 4.

Les auditeurs de 2ᵉ classe reçoivent, après une année de service, un traitement annuel qui sera déterminé par une loi de finances [1]. Il ne peut être cumulé.

. . . .

LOI

RELATIVE AU RENOUVELLEMENT DES AUDITEURS DE 2ᵉ CLASSE AU CONSEIL D'ÉTAT.

(Du 1ᵉʳ juillet 1887.)

ARTICLE PREMIER.

La limite de quatre années fixée pour les fonctions d'auditeur de 2ᵉ classe au Conseil d'État, par l'article 5, paragraphe 6, de la loi du 24 mai 1872, est portée à huit années.

ART. 2.

La limite d'âge pour la nomination aux fonctions d'auditeur de 1ʳᵉ classe au Conseil d'État, fixée à trente ans par

[1] Le traitement des auditeurs de 2ᵉ classe porté au budget est de 2,000 fr.

l'article 6 de la loi du 24 mai 1872, est portée à trente-trois ans, qui seront comptés au 1ᵉʳ janvier de l'année de la nomination.

ART. 3.

Chaque année, le Gouvernement fera connaître, par une décision prise en Conseil des Ministres et insérée au *Journal officiel* dans le mois de janvier, les fonctions qui seront mises à la disposition des auditeurs de 2ᵉ classe qui auront au moins quatre ans de services.

Ces fonctions seraient les suivantes :

Commissaire du Gouvernement près le Conseil de préfecture de la Seine ;

Secrétaire général d'une préfecture de 1ʳᵉ ou 2ᵉ classe ;

Sous-préfet de 1ʳᵉ ou 2ᵉ classe ;

Substitut dans un tribunal de 2ᵉ classe.

ART. 4.

Chaque année, s'il y a lieu, un concours sera ouvert dans le mois de décembre pour la nomination d'autant d'auditeurs de 2ᵉ classe qu'il y aura de places vacantes.

Les auditeurs nommés à la suite de ce concours entreront en fonctions le 1ᵉʳ janvier.

ART. 5.

L'article 5, paragraphe 6, de la loi du 24 mai 1872, la loi du 10 août 1876 et toutes les dispositions contraires à la présente loi sont abrogés.

LOI

RELATIVE À LA CRÉATION D'UNE SECTION TEMPORAIRE DU CONTENTIEUX AU CONSEIL D'ÉTAT.

(Du 26 octobre 1888.)

ARTICLE PREMIER.

Lorsque les besoins du service l'exigeront, il sera formé, par décret en Conseil d'État, une Section temporaire qui concourra au jugement des affaires d'élections et de contributions directes ou taxes assimilées.

ART. 2 [1].

La Section temporaire sera composée d'un président de Section et de huit conseillers d'État, pris dans les différentes Sections du Conseil, auxquelles ils continueront d'appartenir, et désignés par décret du Président de la République. Elle pourra être divisée en deux Sous-Sections qui auront les mêmes pouvoirs que la Section elle-même.

Il pourra y avoir auprès d'elle deux ou quatre commissaires suppléants du Gouvernement nommés par arrêté du Ministre de la Justice, et qui pourront être choisis parmi les auditeurs de 1re classe.

Pour la désignation des membres de la Section temporaire et des commissaires suppléants du Gouvernement, le vice-président du Conseil d'État et les présidents de Section seront appelés à faire des présentations.

---

[1] Cet article 2 a été ainsi modifié par l'article 1er de la loi du 17 juillet 1900 (p. 83).

ART. 3.

La Section du Contentieux et la Section temporaire peuvent statuer, en audience publique, sur les affaires d'élections et de contributions directes ou taxes assimilées dans lesquelles il y a constitution d'avocat.

Le renvoi de ces affaires à l'Assemblée du Conseil d'État statuant au Contentieux peut avoir lieu dans les conditions prévues par l'article 19 de la loi du 24 mai 1872.

ART. 4.

Dans les affaires mentionnées ci-dessus, il ne sera pas reçu de constitution d'avocat après un délai de deux mois, qui courra du jour de l'enregistrement des protestations ou des pourvois au Secrétariat du Contentieux, à moins que, dans ce délai, l'une des parties n'ait déjà constitué avocat. Le délai ci-dessus ne fera, dans aucun cas, obstacle au jugement des affaires en état.

ART. 5.

Un règlement d'administration publique déterminera les mesures propres à assurer l'exécution de la présente loi, notamment celles qui concernent le service des rapporteurs, des commissaires du Gouvernement et du Secrétariat.

DÉCRET

PORTANT RÈGLEMENT D'ADMINISTRATION PUBLIQUE
POUR L'EXÉCUTION DE LA LOI DU 26 OCTOBRE 1888,
RELATIVE À LA CRÉATION
D'UNE SECTION TEMPORAIRE DU CONTENTIEUX
AU CONSEIL D'ÉTAT.

(Du 9 novembre 1888.)

(Abrogé par le décret du 4 août 1900, p. 84).

LOI

ÉLEVANT LE NOMBRE DES CONSEILLERS D'ÉTAT
EN SERVICE EXTRAORDINAIRE.

(Du 3o novembre 1895.)

ARTICLE UNIQUE.

Le nombre des conseillers d'État en service extraordinaire est élevé de dix-huit à dix-neuf.

DÉCRET

PORTANT RÈGLEMENT DU CONCOURS
POUR LA NOMINATION DES AUDITEURS DE 2ᵉ CLASSE
AU CONSEIL D'ÉTAT.

(Du 3o mars 1897.)

LE PRÉSIDENT DE LA RÉPUBLIQUE FRANÇAISE,

Sur le rapport du Garde des Sceaux, Ministre de la Justice;
Vu l'article 5, § 6, de la loi du 24 mai 1872 sur le

Conseil d'État, portant : « Les auditeurs de 2ᵉ classe sont nommés au concours, dans les formes et aux conditions qui seront déterminées dans un règlement que le Conseil d'État sera chargé de faire » ;

Vu l'article 4 de la loi du 1ᵉʳ juillet 1887, portant : « Chaque année, s'il y a lieu, un concours sera ouvert dans le mois de décembre pour la nomination d'autant d'auditeurs de 2ᵉ classe qu'il y aura de places vacantes » ;

Vu la loi du 15 juillet 1889 sur le recrutement de l'armée ;

Le Conseil d'État entendu,

Décrète :

TITRE PREMIER.

ANNONCE DU CONCOURS ET FORMATION DE LA LISTE DES CANDIDATS.

ARTICLE PREMIER.

Chaque année, au mois de septembre, le Garde des Sceaux, Ministre de la Justice, indique par un arrêté le nombre des places d'auditeur de 2ᵉ classe qui seront mises au concours au mois de décembre suivant.

ART. 2.

L'arrêté du Garde des Sceaux sera inséré au *Journal officiel* avec le texte des articles 4, 5, 6, 7 et 11 du présent règlement et adressé immédiatement aux préfets des départements ainsi qu'aux recteurs des académies.

ART. 3.

Le délai entre l'insertion de l'arrêté au *Journal officiel* et le jour fixé pour l'ouverture du concours sera de deux mois au moins.

Dans le cas où des places deviendraient vacantes dans cet intervalle, elles pourront être ajoutées, par un nouvel arrêté pris avant l'ouverture du concours, au nombre de celles précédemment indiquées.

ART. 4 [1].

Les aspirants se feront inscrire au Secrétariat général du Conseil d'État dans les vingt jours à partir de l'insertion de l'arrêté au *Journal officiel;* ils déposeront au Secrétariat général leur acte de naissance ainsi que les pièces justificatives des conditions énoncées dans l'article suivant.

Les aspirants auront aussi la faculté de se faire inscrire et de produire les pièces dans le même délai, au Secrétariat de la Préfecture de leur résidence. La liste des inscriptions et les pièces seront transmises, dans les cinq jours, par les préfets au Secrétariat général du Conseil d'État.

ART. 5.

Peuvent seuls se faire inscrire en vue du concours, les Français jouissant de leurs droits, qui justifient avoir satisfait aux obligations imposées par les lois sur le recrutement de l'armée et avoir eu, au 1er janvier de l'année du concours, vingt et un ans au moins et moins de vingt-six ans ; cette limite d'âge est abaissée à vingt-cinq ans pour les candidats qui ne justifient pas d'un an de présence sous les drapeaux.

Tout candidat doit produire soit un diplôme de licencié

---

[1] Les articles 4, 5, 6 et 7 ont été ainsi modifiés par le décret du 7 août 1900.

en droit, ès sciences ou ès lettres, soit un diplôme de
l'École des chartes, soit un certificat attestant qu'il a satisfait aux examens de sortie de l'École polytechnique, de
l'École nationale des mines, de l'École nationale des ponts
et chaussées, de l'École centrale des arts et manufactures,
de l'École forestière, de l'École spéciale militaire ou de
l'École navale, soit un brevet d'officier dans les armées de
terre ou de mer.

ART. 6.

La liste des inscriptions reçues directement au Secrétariat général du Conseil d'État sera close immédiatement
après l'expiration du délai fixé par le paragraphe 1er de
l'article 4.

Les inscriptions transmises par les Préfets en exécution
du paragraphe 2 seront portées à la suite de cette liste.

ART. 7.

La liste des candidats qui seront admis à concourir sera
dressée et arrêtée par le vice-président du Conseil d'État,
assisté des présidents de Section, quinze jours au moins
avant l'ouverture du concours; elle sera soumise au Garde
des Sceaux, Ministre de la Justice, et ne deviendra définitive qu'après avoir été approuvée par lui.

Cinq jours au moins avant l'ouverture du concours,
la liste sera déposée au Secrétariat général du Conseil
d'État, où toute personne pourra en prendre communication.

TITRE II.

ORGANISATION DU JURY.

ART. 8.

Le jury du concours se composera de trois conseillers d'État, dont un faisant les fonctions de président, et de deux maîtres des requêtes, désignés par le Garde des Sceaux, Ministre de la Justice.

Le président du jury aura la direction et la police du concours ; il aura voix prépondérante en cas de partage, sauf pour la nomination des candidats.

Un secrétaire et un secrétaire adjoint, pris dans le personnel des bureaux du Conseil d'État, seront attachés au jury.

ART. 9.

Le nombre des juges présents jusqu'à la fin des épreuves ne pourra être moindre de trois.

ART. 10.

Il sera dressé procès-verbal de chaque séance et le procès-verbal sera signé par chacun des juges.

TITRE III.

MATIÈRES DES ÉPREUVES.

ART. 11.

Les épreuves du concours porteront :

1° Sur les principes du droit politique et constitutionnel français ;

2° Sur les principes généraux du droit des gens;

3° Sur les principes généraux du droit civil français et l'organisation judiciaire de la France;

4° Sur l'organisation administrative et sur les matières administratives indiquées dans le programme joint au présent règlement;

5° Sur les éléments de l'économie politique.

TITRE IV.

NATURE ET MODE DES ÉPREUVES.

ART. 12.

Il y aura des épreuves préparatoires et des épreuves définitives. Les résultats des unes et des autres entreront en compte pour le classement définitif des candidats.

ART. 13.

Les épreuves préparatoires comprendront une composition par écrit, sur un sujet relatif au droit public ou à la législation administrative, et un exposé oral.

ART. 14.

Le sujet de composition, commun à tous les candidats, sera tiré au sort entre trois sujets choisis séance tenante par le jury et mis sous enveloppes cachetées. Le tirage au sort sera fait par le président en présence des candidats.

ART. 15.

Les candidats seront immédiatement renfermés de manière à n'avoir aucune communication avec le dehors.

La surveillance sera confiée à l'un des juges désignés par le président du jury. Les candidats ne pourront s'entr'aider dans leur travail ni se procurer d'autre secours que les lois françaises. Le temps accordé pour la composition sera de six heures.

Les compositions seront faites sur un papier délivré aux candidats et en tête duquel ils inscriront leurs nom et prénoms.

Lors du dépôt de la composition sur le bureau, le secrétaire du jury placera en tête un numéro d'ordre qui sera répété sur le manuscrit. Il détachera à l'instant les têtes des compositions et les réunira sous une enveloppe cachetée qui ne sera ouverte qu'après la fixation définitive de la note attribuée à chaque candidat.

ART. 16.

Les sujets d'exposé oral, choisis par le jury en nombre égal à celui des concurrents, seront renfermés dans des enveloppes cachetées, sur chacune desquelles le président et le candidat à qui elle aura été attribuée par un tirage au sort apposeront leur signature. Cette enveloppe sera remise au candidat, une heure avant le commencement de son épreuve.

Pendant l'heure de préparation, le candidat pourra consulter les collections annotées de lois et règlements et les recueils d'arrêts placés à cet effet dans une salle où il sera conduit.

L'exposé ne durera pas plus d'un quart d'heure.

ART. 17.

Dès que l'audition des exposés sera terminée, le jury

arrêtera la liste des candidats admis à subir les épreuves définitives. Cette liste, dressée par ordre alphabétique, sera déposée au Secrétariat général du Conseil d'État, où les concurrents pourront en prendre communication.

ART. 18.

Les épreuves définitives comprendront une épreuve par écrit sur un sujet commun à tous les candidats et un examen oral.

ART. 19.

L'épreuve par écrit consistera en une composition comportant l'application des matières du programme à une affaire déterminée ou à une question spéciale choisie séance tenante par le jury.

ART. 20.

La composition sera faite dans les conditions fixées par l'article 15 ci-dessus. Toutefois les candidats pourront se servir des collections et recueils mentionnés à l'article 16.

ART. 21.

L'examen oral durera trois quarts d'heure.

Les interrogations seront faites par les membres du jury sans argumentation entre les concurrents.

ART. 22.

Les épreuves orales auront lieu en séance publique; l'ordre à suivre entre les candidats sera indiqué par un tirage au sort.

TITRE V.

JUGEMENT.

ART. 23.

Lorsque les épreuves seront terminées, le président prononcera la clôture du concours et le jury procédera, immédiatement et en séance secrète, à la délibération.

ART. 24.

Si, d'après le résultat du concours, le jury estime qu'il n'y a pas lieu à nomination ou qu'il n'y a pas lieu de nommer à toutes les places vacantes, il en sera fait déclaration en séance publique.

ART. 25.

La liste des nominations sera dressée par ordre de mérite.

ART. 26.

Le jury pourra faire procéder à un nouvel examen oral entre les candidats qui se trouveraient placés sur le même rang.

ART. 27.

Le jugement sera rendu sans désemparer, et le résultat du concours proclamé en séance publique. Extrait du procès-verbal, signé par le président et tous les juges, sera transmis immédiatement au Président de la République et au Garde des Sceaux, Ministre de la Justice.

TITRE VI.

DISPOSITIONS TRANSITOIRES ET GÉNÉRALES.

ART. 28.

La disposition de l'article 5 ci-dessus, qui abaisse à vingt-quatre ans la limite d'âge pour les candidats ne justifiant pas d'un an de présence sous les drapeaux, ne sera pas applicable, lors du concours du mois de décembre 1897, aux candidats qui se sont présentés au concours de 1896.

ART. 29.

Sont abrogés les décrets du 14 octobre 1872, du 19 février 1878 et du 14 août 1879.

ART. 30.

Le Garde des Sceaux, Ministre de la Justice, est chargé de l'exécution du présent décret, qui sera publié au *Journal officiel* et inséré au *Bulletin des lois*.

ANNEXE.

—

PROGRAMME DÉTAILLÉ

DES MATIÈRES ADMINISTRATIVES ARRÊTÉ EN EXÉCUTION DU PARAGRAPHE 4
DE L'ARTICLE 11 DU PRÉSENT RÈGLEMENT.

—

I

Organisation, attributions et mode de procéder de l'Administration préposée au soin des intérêts de l'État. — Agents et conseils qui composent la hiérarchie administrative.

Organisation, attributions et mode de procéder des agents et
conseils préposés à la gestion des intérêts locaux dans les départements et les communes. — Rapports de ces autorités avec l'autorité centrale.

Organisation spéciale à l'Algérie et aux colonies.

Organisation des protectorats.

Du contentieux administratif. — Ses différentes branches. —
Organisation, attributions et mode de procéder des diverses juri-
dictions administratives.

Du principe de la séparation des pouvoirs, notamment de l'in-
dépendance de l'autorité administrative à l'égard de l'autorité
judiciaire. — Conflits d'attributions positifs et négatifs.

II

Du budget de l'État. — Comment il est préparé, voté, modifié
et réglé. — Principes généraux de la comptabilité publique. —

De l'établissement, de la liquidation et du payement des dettes de l'État. — Du recouvrement des créances de l'État.

Des diverses ressources de l'État. — Des impôts directs : leur assiette et leur recouvrement. — Des impôts indirects : notions générales sur leur assiette. — Des monopoles. — Des produits de la gestion des biens de l'État.

De la dette publique. — Des caisses d'amortissement et des dépôts et consignations.

Des pensions civiles. — Des pensions des armées de terre et de mer. — Des pensions servies sur les fonds de la caisse des invalides de la marine.

Des charges et des ressources des départements.

Des charges et des ressources des communes. — Des biens communaux. — Des immeubles affectés aux services publics communaux, notamment des églises, presbytères et cimetières.

Des charges et des ressources des colonies.

Du régime des cultes. — Rapports de l'État avec les différents cultes au point de vue spirituel et au point de vue temporel. — Administration, charges et ressources des établissements publics institués pour le service des différents cultes reconnus. — Règles spéciales aux congrégations religieuses.

Du régime de l'instruction publique. — Enseignement supérieur, secondaire, primaire. — Droits et obligations des citoyens. — Pouvoirs de l'autorité publique. — Des dépenses imposées à l'État, aux départements et aux communes pour l'organisation de l'instruction publique à ses différents degrés. — Établissements publics et d'utilité publique qui se rattachent au service de l'instruction publique. — Leur administration.

De l'assistance publique. — Constitution et administration de ses différents services et établissements. — Règles spéciales aux aliénés, aux enfants assistés et aux enfants moralement abandonnés.

Des établissements d'utilité publique institués en vue de l'assistance ou de la prévoyance. — Des caisses d'épargne, des caisses de retraites pour la vieillesse.

Règles relatives au mode d'exécution des travaux publics. — Des marchés ou entreprises. — Des concessions de travaux.

Des dommages causés par l'exécution des travaux publics.

De l'expropriation pour cause d'utilité publique.

Routes nationales et départementales. — Établissement des routes. — Droits et charges de l'État et des départements. — Obligations et droits des riverains. — De l'alignement et des autres servitudes imposées aux riverains. — Police de la grande voirie. — Police du roulage.

Chemins de fer. — Divers modes d'exécution de ces chemins. — Droits et obligations de l'État et des compagnies concessionnaires. — Exécution des travaux. — Servitudes imposées aux riverains. — Règles générales de l'exploitation.

Chemins de fer d'intérêt local et tramways.

Voirie urbaine. — Droits et charges des communes. — Obligations et droits des riverains. — Police.

Chemins vicinaux. — Leur établissement. — Ressources spéciales au moyen desquelles ils sont exécutés et entretenus. — Obligations et droits des riverains. — Police.

Chemins publics ruraux. — Différence de leur condition légale et de celle des chemins vicinaux.

Du rivage de la mer. — Conservation, délimitation, administration, police du rivage. — Concession des lais et relais de mer et du droit d'endiguage.

Des ports maritimes. — Règles spéciales de police de ces ports.

Cours d'eaux navigables et flottables. — Leur condition légale. — Ses conséquences. — Droits des propriétaires riverains. — Concessions de prises d'eau pour la mise en mouvement des usines et pour l'irrigation des terres. — Obligations des riverains, notamment en ce qui concerne le chemin de halage. — Police des cours d'eau navigables et de la navigation.

Canaux de navigation. — Canaux exploités par l'État. — Canaux concédés. — Exploitation. — Obligations des riverains. — Police spéciale de la navigation sur les canaux.

Outillage d'exploitation des ports maritimes, des cours d'eau navigables et des canaux.

Des cours d'eau flottables à bûches perdues. — Régime spécial de ces cours d'eau.

Des cours d'eau non navigables ni flottables. — Leur condition légale. — Droits des riverains. — Établissement de barrages et de prises d'eau pour les usines et pour l'irrigation. — Curage. — Règles de police.

Endiguement des cours d'eau. — Desséchement des marais.

De la pêche dans la mer, dans les cours d'eau navigables, dans les cours d'eau non navigables et dans les étangs. — Droits de l'État et des particuliers. — Police de la pêche.

Des associations syndicales. — Organisation et mode de procéder de ces associations.

Des mines, minières et carrières.

Du régime forestier. — Du régime des bois et forêts appartenant aux particuliers. — Du reboisement des montagnes.

Des postes, télégraphes et téléphones.

Des institutions établies dans l'intérêt de l'agriculture, de l'industrie et du commerce. — Comices agricoles, concours, haras. — Chambres de commerce, chambres consultatives des arts et manufactures.

Conseils de prud'hommes.

Syndicats professionnels.

Autorisation et surveillance des sociétés d'assurances sur la vie.

Des ateliers dangereux, insalubres et incommodes. — Des machines à vapeur et autres moteurs.

Lois et règlements sur le travail industriel.

De l'hygiène publique et de la police sanitaire.

Des sources d'eaux minérales. — Protection et exploitation de ces sources.

Force publique. — Organisation de l'armée de terre et de mer. — Recrutement. — État des officiers. — Places fortes et fortifications. — Servitudes imposées à la propriété pour la défense du territoire. — Régime de la zone frontière. — Travaux mixtes. — Réquisitions.

Inscription maritime. — Marine marchande.

Prises maritimes.

De la nationalité. — Droits du Gouvernement à l'égard des étrangers.

Des changements de nom.

LOI DE FINANCES
(Du 13 avril 1900.)

. . . .

ART. 24.

Le nombre des maîtres des requêtes du Conseil d'État est porté à trente-deux, celui des auditeurs à quarante, dont dix-huit de première classe.

La Section du Contentieux peut être divisée en deux Sous-Sections qui ont les mêmes pouvoirs que la Section elle-même.

Un règlement d'administration publique statuera sur les mesures nécessaires à l'exécution de la présente disposition, notamment sur la répartition du nombre des conseillers entre les Sections et sur le nombre des commissaires du Gouvernement attachés à la Section du Contentieux.

Sont réservés aux auditeurs de première classe les deux tiers des places vacantes de maîtres des requêtes, et aux maîtres des requêtes la moitié des places vacantes de conseillers d'État.

Le délai du recours au Conseil d'État, fixé à trois mois par l'article 11 du décret du 22 juillet 1806, est réduit à deux mois, sans qu'il soit dérogé aux dispositions de lois ou de règlements qui ont fixé des délais spéciaux pour les pourvois au Conseil d'État.

Il pourra être ouvert, à titre exceptionnel, des concours pour l'auditorat en vue d'assurer l'application de la présente disposition.

Des arrêtés du Garde des Sceaux détermineront la date de chaque concours, le nombre des places mises au concours et l'époque de l'entrée en fonctions des auditeurs nommés.

Nul ne peut être nommé auditeur de deuxième classe s'il a moins de vingt-un ans et plus de vingt-six ans accomplis.

. . . .

DÉCRET

PORTANT REGLEMENT D'ADMINISTRATION PUBLIQUE
POUR L'EXÉCUTION
DU PARAGRAPHE 2 DE L'ARTICLE 24 DE LA LOI DU 13 AVRIL 1900
QUI AUTORISE LA DIVISION
DE LA SECTION DU CONTENTIEUX DU CONSEIL D'ÉTAT
EN DEUX SOUS-SECTIONS.

(Du 16 juillet 1900.)

LE PRÉSIDENT DE LA RÉPUBLIQUE FRANÇAISE,

Vu les lois des 24 mai 1872, 13 juillet 1879 et 26 octobre 1888;

Vu les décrets des 2 août 1879 et 9 novembre 1888;

Vu le paragraphe 2 de l'article 24 de la loi du 13 avril 1900, ainsi conçu : « La Section du Contentieux peut être divisée en deux Sous-Sections qui ont les mêmes pouvoirs que la Section elle-même. Un règlement d'administration publique statuera sur les mesures nécessaires à l'exécution de la présente disposition, notamment sur la répartition du nombre des conseillers entre les Sections et sur le nombre de commissaires du Gouvernement attachés à la Section du Contentieux »;

Le Conseil d'État entendu,

DÉCRÈTE :

ARTICLE PREMIER.

La Section du Contentieux est composée de sept conseillers d'État en service ordinaire et d'un président.

Pour assurer l'application de cette disposition, un décret du Président de la République, rendu sur le rapport du Ministre de la Justice, après avis du vice-président du Conseil d'État, désigne, suivant les nécessités du service, celle des autres Sections qui sera composée d'un président et de quatre conseillers seulement.

La Section du Contentieux ne peut délibérer que si cinq conseillers au moins, y compris le président, sont présents.

ART. 2.

La Section du Contentieux est divisée en deux Sous-Sections composées, l'une, du président de la Section et de trois conseillers, l'autre, de quatre conseillers.

Un décret désigne le conseiller chargé de présider la Sous-Section dont ne fait pas partie le président de la Section.

Chaque année, le président fait connaître la Sous-Section qu'il entend présider.

La répartition des conseillers entre les Sous-Sections est arrêtée par le vice-président du Conseil d'État délibérant avec les présidents de Section; celle des maîtres des requêtes et auditeurs, par le président de la Section du Contentieux après entente avec le président de la Sous-Section.

ART. 3.

Le président de la Section désigne les affaires dont l'instruction ou le jugement doit être réservé à la Section et nomme les rapporteurs de ces affaires.

Il répartit entre les Sous-Sections les affaires qui doivent être instruites par elles pour être jugées ensuite par le Conseil d'État. Les affaires qui doivent être instruites et jugées par les Sous-Sections sont réparties, sauf jonction des pourvois connexes, en nombre égal et alternativement d'après l'ordre fixé par l'enregistrement.

Le président de la Section veille à l'exécution des mesures d'instruction ordonnées par les Sous-Sections et signe la correspondance.

Il règle le service des commissaires du Gouvernement.

En cas d'absence ou d'empêchement, il est remplacé dans ses fonctions de président de la Section par le président de la Sous-Section.

Le président de la Sous-Section nomme les rapporteurs des affaires distribuées à la Sous-Section.

Le président de la Section et le président de la Sous-Section arrêtent respectivement le rôle des séances où les affaires sont jugées.

ART. 4.

Les Sous-Sections sont chargées, concurremment, de diriger l'instruction écrite et de préparer le rapport des affaires contentieuses qui doivent être jugées par le Conseil d'État.

Le renvoi de ces affaires devant la Section a lieu de droit s'il est demandé par un conseiller au cours de leur examen par l'une des Sous-Sections.

ART. 5.

Les Sous-Sections jugent concurremment les pourvois en matières d'élections et de contributions directes ou de taxes assimilées.

Le renvoi de ces affaires à l'Assemblée du Conseil d'État statuant au Contentieux peut avoir lieu dans les conditions prévues à l'article 19 de la loi du 24 mai 1872.

ART. 6.

Chaque Sous-Section statue sur les communications à faire aux Ministres et aux parties et fixe les délais dans lesquels les réponses doivent être produites.

ART. 7.

Les Sous-Sections ne peuvent délibérer ni statuer que si trois conseillers au moins sont présents. Si les membres de la Section ou de la Sous-Section ayant voix délibérative se trouvent en nombre pair, le plus ancien des maîtres des requêtes présents est appelé à délibérer.

ART. 8.

Le nombre des commissaires du Gouvernement est de quatre au moins et de six au plus.

Quatre auditeurs de première classe sont désignés par arrêté du Ministre de la Justice pour remplir auprès de la Section et des Sous-Sections du Contentieux les fonctions de commissaire suppléant du Gouvernement.

Pour la nomination des commissaires suppléants, le vice-président du Conseil d'État et les présidents de Section sont appelés à faire des présentations.

ART. 9.

Les fonctions de secrétaire sont remplies aux séances des Sous-Sections par deux secrétaires adjoints désignés par le vice-président du Conseil d'État, sur la proposition du président de la Section du Contentieux.

ART. 10.

Les requêtes, ainsi que les pièces qui y sont jointes, peuvent être accompagnées, en vue des communications, de copies sur papier libre certifiées conformes par les requérants.

A l'expiration du délai assigné aux Ministres et aux parties pour la production des défenses ou des observations, le Conseil d'État peut statuer.

ART. 11.

Les règles suivies devant la Section du Contentieux pour l'instruction et le jugement des affaires et pour l'expédition des décisions sont applicables aux affaires portées devant les Sous-Sections et aux décisions rendues par elles, en tant qu'il n'y est pas dérogé par le présent règlement.

ART. 12.

Le Garde des Sceaux, Ministre de la Justice, est chargé de l'exécution du présent décret, qui sera publié au *Journal officiel* et inséré au *Bulletin des lois*.

LOI

MODIFIANT LA LOI DU 25 OCTOBRE 1888
RELATIVE À LA CRÉATION
D'UNE SECTION TEMPORAIRE DU CONTENTIEUX
AU CONSEIL D'ÉTAT.

(Du 17 juillet 1900.)

ARTICLE PREMIER.

L'article 2 de la loi du 26 octobre 1888 est modifié comme suit [1] :

ART. 2.

Un règlement d'administration publique statuera sur toutes les mesures d'exécution relatives à l'organisation et au fonctionnement de la Section temporaire et des Sous-Sections.

ART. 3.

Dans les affaires contentieuses qui ne peuvent être introduites devant le Conseil d'État que sous la forme de recours contre une décision administrative, lorsqu'un délai de plus de quatre mois s'est écoulé sans qu'il soit intervenu aucune décision, les parties intéressées peuvent considérer leur demande comme rejetée et se pourvoir devant le Conseil d'État. Si des pièces sont produites après le dépôt de la demande, le délai ne court qu'à dater de la réception de ces pièces.

---

[1] Voir le texte de cet article 2, page 60.

6.

La date du dépôt de la réclamation et des pièces, s'il y a lieu, est constatée par un récépissé délivré conformément aux dispositions de l'article 5 du décret du 2 novembre 1864. A défaut de décision, ce récépissé doit, à peine de déchéance, être produit par les parties à l'appui de leur recours au Conseil d'État.

Si l'autorité administrative est un corps délibérant, les délais ci-dessus seront prorogés, s'il y a lieu, jusqu'à l'expiration de la première session légale qui suivra le dépôt de la demande ou des pièces.

DÉCRET

PORTANT RÈGLEMENT D'ADMINISTRATION PUBLIQUE
POUR L'EXÉCUTION DE LA LOI DU 26 OCTOBRE 1888
RELATIVE À LA CRÉATION
D'UNE SECTION TEMPORAIRE DU CONTENTIEUX AU CONSEIL D'ÉTAT
ET DE LA LOI DU 17 JUILLET 1900
MODIFIANT LA PRÉCÉDENTE ET AUTORISANT LA DIVISION
DE CETTE SECTION EN DEUX SOUS-SECTIONS.

(Du 4 août 1900.)

Le Président de la République française,

Vu la loi du 26 octobre 1888 relative à la création d'une Section temporaire du Contentieux au Conseil d'État et dont l'article 5 est ainsi conçu : « Un règlement d'administration publique déterminera les mesures propres à assurer l'exécution de la présente loi, notamment celles qui concernent le service des rapporteurs, des commissaires du Gouvernement et du secrétariat »;

Vu la loi du 17 juillet 1900, portant modification de la loi susvisée autorisant la division de la Section temporaire du Contentieux en deux Sous-Sections et dont l'article 2 est ainsi conçu : « Un règlement d'administration publique statuera sur toutes les mesures d'exécution relatives à l'organisation et au fonctionnement de la Section temporaire et des Sous-Sections »;

Vu la loi du 24 mai 1872;

Vu la loi du 13 juillet 1879;

Vu le décret du 2 août 1879 portant règlement intérieur du Conseil d'État;

Vu le décret du 9 novembre 1888;

Vu l'état dressé par le secrétaire du Contentieux et constatant le nombre des affaires pendantes, au 30 juin 1900, devant la Section du Contentieux et devant la Section temporaire du Contentieux;

Le Conseil d'État entendu,

DÉCRÈTE :

TITRE PREMIER.

DISPOSITIONS COMMUNES À LA SECTION DU CONTENTIEUX ET À LA SECTION TEMPORAIRE DU CONTENTIEUX.

ARTICLE PREMIER.

Les affaires d'élections et de contributions directes ou taxes assimilées sont réparties, sauf jonction des affaires connexes, entre la Section du Contentieux et la Section temporaire en nombre égal, et alternativement d'après l'ordre fixé par l'enregistrement des pourvois.

ART. 2.

La Section du Contentieux et la Section temporaire dirigent l'instruction écrite et procèdent au jugement des affaires sur lesquelles elles sont appelées à statuer, conformément aux règles actuellement en vigueur devant la Section du Contentieux, en tant qu'il n'y est pas dérogé par la loi du 26 octobre 1888 ou par le présent règlement.

ART. 3.

Lorsque la Section du Contentieux ou la Section temporaire statuent en audience publique, les questions posées par le rapport sont communiquées aux avocats quatre jours au moins avant la séance.

Le rôle de chaque séance publique de la Section du Contentieux ou de la Section temporaire, préparé dans les conditions indiquées en l'article 22 du règlement du 2 août 1879, est distribué à tous les conseillers d'État faisant partie des deux Sections, aux maîtres des requêtes et aux auditeurs qui y sont attachés, ainsi qu'aux avocats dont les affaires doivent être appelées.

ART. 4.

Après le rapport, les avocats des parties présentent leurs observations orales. Des conclusions sont données dans chaque affaire par l'un des maîtres des requêtes commissaires du Gouvernement ou par l'un des commissaires suppléants.

ART. 5.

Le secrétariat du Contentieux fait fonction de secrétariat de la Section temporaire. Le secrétaire du Contentieux est remplacé aux séances de la Section temporaire par un secrétaire adjoint désigné par le vice-président du Conseil d'État, conformément à l'article 23 du règlement du 2 août 1879.

ART. 6.

Lorsqu'une affaire soumise à la Section temporaire est renvoyée par elle à l'Assemblée du Conseil d'État statuant au Contentieux, conformément à l'article 3 de la loi du 26 octobre 1888, le dossier est immédiatement transmis à la Section du Contentieux qui est chargée d'en préparer le rapport. Le renvoi est établi par un extrait du procès-verbal de la séance dans laquelle ce renvoi a été ordonné.

ART. 7.

Toutes les décisions prises par la Section du Contentieux et par la Section temporaire sont lues en séance publique, transcrites sur le procès-verbal des délibérations et signées par le président de la Section, le rapporteur et le secrétaire.

Les décisions rendues par la Section temporaire portent en tête la mention suivante :

« AU NOM DU PEUPLE FRANÇAIS,

« *La Section temporaire du Contentieux du Conseil d'Etat...* »

Les règles relatives à la forme et à l'expédition des décisions rendues par le Conseil d'État statuant au Contentieux sont applicables aux décisions de la Section du Contentieux et de la Section temporaire.

ART. 8.

Le procès-verbal des séances de la Section du Contentieux et de la Section temporaire mentionne l'accomplissement des dispositions contenues dans les articles 3 de la loi du 26 octobre 1888 et 3, § 1, 4, 7, 10, § 2, 15 du présent règlement.

ART. 9.

Sont applicables aux audiences publiques de la Section du Contentieux et de la Section temporaire les dispositions de l'article 24, § 2, de la loi du 24 mai 1872, relatif à la police des audiences.

TITRE II.

DISPOSITIONS SPÉCIALES
À LA SECTION TEMPORAIRE DU CONTENTIEUX
ET À SES DEUX SOUS-SECTIONS.

———

ART. 10.

La Section temporaire du Contentieux est composée, en dehors de huit conseillers d'État et d'un président, de six maîtres des requêtes pris tant dans la Section de Législation que dans les Sections administratives, et de tous les auditeurs de première et de deuxième classe attachés à ces Sections.

La Section temporaire du Contentieux ne peut délibérer que si cinq conseillers au moins, y compris le président, sont présents.

ART. 11.

La Section temporaire du Contentieux est divisée en deux Sous-Sections composées chacune de quatre conseillers.

Un décret désigne les conseillers chargés de présider les Sous-Sections.

La répartition des conseillers entre les Sous-Sections est arrêtée par le vice-président du Conseil d'État délibérant avec les présidents de Section ; celle des maîtres des requêtes et auditeurs, par le président de la Section temporaire du Contentieux après entente avec les présidents des Sous-Sections.

ART. 12.

Le président de la Section désigne les affaires dont l'instruction et le jugement doivent être réservés à la Section et nomme les rapporteurs de ces affaires.

Les autres affaires sont réparties entre les Sous-Sections, sauf jonction des pourvois connexes, en nombre égal et alternativement d'après l'ordre fixé par l'enregistrement.

Le président de la Section veille à l'exécution des mesures d'instruction ordonnées par les Sous-Sections et signe la correspondance.

Il règle le service des commissaires du Gouvernement.

En cas d'absence ou d'empêchement, il est remplacé dans ses fonctions de président de la Section par celui des présidents de Sous-Section qui est le premier inscrit dans l'ordre du tableau.

Le président de chaque Sous-Section nomme les rapporteurs des affaires distribuées à la Sous-Section.

En cas d'absence ou d'empêchement, il est remplacé par le premier conseiller inscrit sur le tableau.

Le président de la Section et les présidents des Sous-Sections arrêtent respectivement le rôle des séances où les affaires sont jugées.

ART. 13.

Les Sous-Sections jugent concurremment les pourvois en matière d'élections et de contributions directes ou de taxes assimilées.

Le renvoi de ces affaires à l'Assemblée du Conseil d'État statuant au Contentieux peut avoir lieu dans les conditions prévues à l'article 19 de la loi du 24 mai 1872.

ART. 14.

Chaque Sous-Section statue sur les communications à faire aux Ministres et aux parties et fixe les délais dans lesquels les réponses doivent être produites.

ART. 15.

Les Sous-Sections ne peuvent statuer que si trois conseillers au moins sont présents. Si les membres de la Section ou de la Sous-Section ayant voix délibérative se trouvent en nombre pair, le plus ancien des maîtres des requêtes présents est appelé à délibérer.

ART. 16.

Le service des commissaires du Gouvernement est assuré par les maîtres des requêtes commissaires du Gouvernement près la Section du Contentieux et par quatre commissaires suppléants du Gouvernement. Ces commissaires suppléants peuvent être choisis parmi les commissaires suppléants près la Section du Contentieux.

ART. 17.

Les fonctions de secrétaire sont remplies aux séances des Sous-Sections par le secrétaire de la Section temporaire du Contentieux et, s'il y a lieu, par un autre secrétaire adjoint désigné comme il est dit à l'article 5.

ART. 18.

Les requêtes, ainsi que les pièces qui y sont jointes, peuvent être accompagnées, en vue des communications, de copies sur papier libre certifiées conformes par les requérants.

A l'expiration du délai assigné aux Ministres et aux parties pour la production des défenses ou des observations, le Conseil d'État peut statuer.

ART. 19.

Les règles suivies devant la Section du Contentieux pour l'instruction et le jugement des affaires et pour l'expédition des décisions sont applicables aux affaires portées devant la Section temporaire du Contentieux et les Sous-Sections ainsi qu'aux décisions rendues par elles, en tant qu'il n'y est pas dérogé par le présent règlement.

DISPOSITIONS TRANSITOIRES ET GÉNÉRALES.

ART. 20.

Par dérogation à l'article 1er du présent décret, les affaires de contributions directes ou taxes assimilées seront exclusivement renvoyées à la Section temporaire du Contentieux jusqu'à ce que leur nombre ait atteint le chiffre des affaires de même nature pendantes devant la Section du Contentieux.

ART. 21.

Est abrogé le décret en date du 9 novembre 1888 portant règlement d'administration publique pour l'exécution de la loi du 26 octobre précédent.

ART. 22.

Le Garde des Sceaux, Ministre de la Justice, est chargé de l'exécution du présent décret, qui sera publié au *Journal officiel* et inséré au *Bulletin des lois*.

TABLE DES MATIÈRES.